ENRICO FINAZZER

LE ARTIGLIERIE DEL REGIO ESERCITO
NELLA SECONDA GUERRA MONDIALE

ISBN: 978-88-9327-2155   1st edition: febbraio 2017

Title: Le artiglierie del Regio Esercito nella seconda guerra mondiale (ISE-009) Di Enrico Finazzer

Editor: SOLDIERSHOP PUBLISHING. Cover & Art Design: L. S. Cristini.

Prima edizione a cura di Associazione Italia Storica

INDICE

PARTE QUARTA: CANNONI SEMOVENTI

ABBREVIAZIONI

AOI	Africa Orientale Italiana
AREN	Arsenale Regio Esercito Napoli
ARMIR	Armata Italiana in Russia
ASI	Africa Settentrionale Italiana
CSIR	Corpo di Spedizione Italiano in Russia
DICAT	Difesa Contraerei Territoriale
ENR	Esercito Nazionale Repubblicano
GaF	Guardia alla Frontiera
RSI	Repubblica Sociale Italiana
STAM	Servizio Tecnico Armi e Munizioni

PREFAZIONE

Nel dibattere con l'Autore su quale sia stato il primum movens per la concezione dell'opera, siamo pervenuti alla concorde conclusione che questo libro vuole aiutare il lettore a districarsi in ambiti, a volte specialistici, comunque caratterizzati da un necessario schematismo di base. La conoscenza in divenire è il motore della curiosità dell'uomo per quello che lo circonda, che lo interessa, che lo appassiona, in un viaggio della memoria verso aree poco esplorate. Per questo da lettore, in larga misura partecipe delle vicende che, con scrupolo di verità e dovizia di informazioni, nel libro si ripercorrono, avverto il bisogno di fermarmi in attenta riflessione.

L'Artiglieria è senza dubbio una delle Armi più affascinanti e studiate del mondo militare. Innumerevoli sono i libri che le sono stati dedicati e che ne elogiano la storia, i fasti e gli splendori. E' un'Arma che da sempre ha trasmesso l'idea del fervore mentale nei Posti Comando, della celerità, della tempestività e della precisione, senza mai relegare in secondo piano i valori del rispetto e delle tradizioni.

Da Ufficiale di Artiglieria ho vissuto i cambiamenti epocali e le trasformazioni dei reggimenti e dei gruppi di artiglieria a seguito dell'aggiornamento delle dottrine d'impiego, per cui, ripensare all'obice da 75/13, citato in questo libro, è come fare un tuffo nel passato, e ricordarlo fare bella mostra di sé in ogni caserma di artiglieria da montagna mi trasmette un'emozione profonda:

Non si può parlare di artiglierie impiegate nella Seconda Guerra Mondiale senza tener presente quelle della Prima Guerra Mondiale: da qui riparte l'evoluzione tecnologica, limitata dalle scarse risorse investite in ricerca e sviluppo negli Anni '30.

Sono passati più di settant'anni dal termine del secondo conflitto mondiale e gli ultimi partecipanti sono ancora tra noi, ma il loro numero è inesorabilmente destinato ad esaurirsi con il passare del tempo.

Si è dunque affievolita la memoria diretta di quel tragico, e nello stesso tempo determinante, periodo per la storia del mondo e della nostra Nazione il cui ricordo è affidato alla memoria scritta, alle ricerche nonché alla memoria visiva di documentari, e programmi televisivi.

Spesso, a chi, a vario titolo, si interessa di storia militare capita di imbattersi in nomi, eventi, episodi, materiali e mezzi che non si riescono a focalizzare bene nello spazio e nel tempo; si evidenzia così la necessità di punti fermi, di una sorta di guida specialistica.

A questo ha provveduto con la presente opera il dott. Finazzer, riunendo con estrema meticolosità le scarse risorse, in termini di mezzi di lancio, con le quali il Regio Esercito si presentò nei diversi Teatri, offrendo al lettore uno strumento assai agile, di facile consultazione e di pronta ricerca.

La ricca dotazione documentaria rende quest'opera un importante contributo per una ricostruzione accurata dei materiali di Artiglieria del Secondo Conflitto Mondiale, protagonisti di tanti fatti d'arme.

Generale Fabio Palladini

INTRODUZIONE

Durante tutta le Seconda Guerra Mondiale il Regio Esercito soffrì per una grave deficienza nel settore delle artiglierie.
I motivi possono essere ricercati essenzialmente in tre direzioni:

- alla fine della Grande Guerra, il Regio Esercito aveva abbondanza di artiglierie, sia per il considerevole sforzo fatto dall'industria nazionale sia per il grande numero di pezzi catturati o ricevuti quali riparazioni di guerra da parte dell'ex Austria - Ungheria;
- il bilancio nazionale non permise durante il ventennio tra le due guerre di affrontare le grosse spese necessarie per il rinnovamento del parco artiglierie delle nostre forze armate, che sarebbe dovuto passare necessariamente per un grosso investimento in macchinari industriali più avanzati, appena abbozzato alla fine degli anni '30[1];
- lo stesso Regio Esercito fece in questo periodo alcune scelte che, una volta verificate sul campo, si rivelarono sbagliate, quali:
  - privilegiare, per il livello divisionale, artiglierie di calibro inferiore rispetto ai calibri adottati da altri eserciti, valutando la rapidità e maneggevolezza più importanti della potenza di fuoco[2];
  - reputare che il teatro operativo del nostro esercito sarebbe stato quello montuoso della penisola, senza considerare altri teatri (ad esempio il deserto libico).

Per quanto riguarda le dotazioni di artiglieria, l'organico del Regio Esercito nel periodo immediatamente antecedente il conflitto prevedeva:

- alcuni pezzi per ogni reggimento, tipicamente una batteria di obici da 65/17 su 4 pezzi o una compagnia da 47/32 su 8 pezzi, in funzione di accompagnamento ravvicinato;
- a livello divisionale, un reggimento di artiglieria, composto da 3 gruppi di 3 batterie su 4 pezzi ciascuna (tipicamente 2 batterie da 75 ed 1 da 100 per gruppo)[3], oltre ad una compagnia di cannoni da 47/32 in funzione controcarro;

---

[1] Nel 1939 la capacità produttiva dell'industria italiana non superava i 70 pezzi mensili, con la previsione di raggiungere i 300 pezzi ca. mensili non prima del 1941. Cfr. C. Favagrossa, *Perché perdemmo la guerra*, pag. 48

[2] La Francia e le Germania, ad esempio, si erano già orientate sul calibro 105, mentre il Regno Unito aveva adottato il versatile obice-cannone da 25 libbre, corrispondente ad un calibro 88.

[3] Su 71 divisioni mobilitate al giugno 1940, 60 (fanteria ordinaria, motorizzate, autotrasportabili e CC.NN.) erano dotate dell'artiglieria descritta, con modeste varianti nei modelli. Le

- a livello di corpo d'amata, un raggruppamento di artiglieria su cannoni da 105 ed obici da 149;
- a livello di armata, un raggruppamento di artiglieria su cannoni da 140 e 152 ed obici di vario calibro a partire da 210[4].

A queste artiglierie si aggiungevano i pezzi per la difesa contraerea.
La dottrina d'impiego prevedeva che l'artiglieria divisionale, denominazione assunta a metà degli anni '30 dall'artiglieria campale, agisse contro bersagli animati e potesse essere sia a traino meccanico sia a traino animale o someggiata. Essa doveva agire tempestivamente a ridosso della fanteria e doveva essere mobile e maneggevole.
L'artiglieria di corpo d'armata, nuova denominazione adottata negli stessi anni dell'artiglieria pesante campale, era previsto fosse completamente motorizzata[5], era meno mobile ma più potente doveva agire in stretto contatto con l'artiglieria divisionale e svolgere tiri di controbatteria, ossia tiri volti a eliminare l'artiglieria avversaria.
L'artiglieria di armata, nuova denominazione assunta nello stesso periodo dall'artiglieria campale, doveva essere molto potente, mentre la mobilità non era considerata prioritaria. Essa era idonea soprattutto all'interdizione sui centri logistici del nemico, ma poteva rafforzare anche la controbatteria. Doveva inoltre intervenire dove occorreva colpire obiettivi fortificati distanti e defilati.
Soltanto alla fine degli anni '20 si tentò di porre mano al rinnovamento delle artiglierie, ma, vista la scarsità degli stanziamenti e la lentezza nell'approntamento e nella messa a punto dei prototipi, si incominciò a produrre pezzi moderni solo a partire dalla seconda metà degli anni'30, e comunque ad un ritmo molto basso, del tutto insufficiente per il fabbisogno del Regio Esercito[6].

---

altre 11 (corazzate, alpine e celeri) avevano una dotazione parzialmente diversa: 2 gruppi da 75 per le alpine e corazzate 3 gruppi da 75 per le celeri. Cfr. L. Ceva, *Storia delle forze armate in Italia*, pag. 439ss. Le dotazioni subirono delle variazioni durante il conflitto, sia in base alla disponibilità sia in base alle diverse caratteristiche dei teatri d'operazione.

[4] Al 1° giugno 1940 risultavano efficienti 139 gruppi di artiglieria d'armata e di corpo d'armata, con una media di 4 gruppi per ogni corpo d'armata e 7 gruppi per ogni armata. Risultavano inoltre in costituzione 6 gruppi di artiglieria di corpo d'armata su pezzi da 105/28. Cfr. Comando Corpo Stato Maggiore, *Stato di efficienza dell'Esercito al 1° giugno 1940 – XVIII*, in M. Montanari, *L'esercito italiano alla vigilia della Seconda Guerra Mondiale*, pag. 526.

[5] Il traino meccanico si era già ampiamente diffuso per queste artiglierie già sul finire della Grande Guerra e divenne la modalità normale a partire dal 1920 con l'ordinamento provvisorio emanato dal ministro Bonomi.

[6] In prossimità del conflitto vennero impostati due ambiziosi programmi volti a rinnovare il parco artiglierie del Regio Esercito. Appena scoppiata la guerra, ambedue i programmi si scontrarono con l'immediata difficoltà di reperire sia i macchinari necessari all'ampliamento degli impianti produttivi sia le materie prime necessarie alla lavorazione

Contemporaneamente vennero portati avanti degli studi per migliorare il materiale esistente, soprattutto dal punto di vista del munizionamento e della mobilità.

All'inizio degli anni '30 vennero approntate e distribuite ai reparti nuove munizioni, le granate mod. 32, che migliorarono sensibilmente la gittata dei pezzi. Successivamente, a guerra in corso, vennero adottati speciali proietti a carica cava, denominati EP ed EPS, per l'utilizzo in funzione controcarro.

Si studiarono anche delle soluzioni per adattare i pezzi concepiti per il traino animale al nuovo traino meccanico, sperimentando dapprima il carrello elastico e successivamente diversi tipi di ruote in sostituzione di quelle in legno.

Il carrello elastico era un carrello a ruote gommate e sospensioni a balestra su cui poggiava l'affusto del pezzo per il traino. In questo modo le ruote in legno non poggiavano sul terreno ed all'affusto venivano risparmiate le sollecitazioni dovute alle elevate velocità del trattore.

In prossimità del conflitto, il Regio Esercito cominciò ad applicare agli affusti ruote metalliche gommate, dapprima in elektron[7], successivamente in lamierino d'acciaio. Tuttavia il processo era ancora allo stadio iniziale allo scoppio delle ostilità, cosicché il carrello elastico rimase in uso.

Al giugno 1940 il Regio Esercito era dotato di ca. 8.000 pezzi di artiglieria (cui vanno aggiunti i ca. 1.000 47/32 ed i 700 65/17 d'accompagnamento), dei quali però meno di 300 erano di fabbricazione recente (seconda metà degli anni '30). Il resto del materiale risaliva alla Grande Guerra e in alcuni casi anche agli anni precedenti, parzialmente rimodernato.

A guerra in corso fecero la propria comparsa i pezzi di artiglieria semovente, che nascevano sia dalle esperienze condotte durante la Grande Guerra con gli auto cannoni, sia dall'aver visto all'opera i primi semoventi tedeschi durante la fase iniziale del conflitto.

I pezzi semoventi dovevano diventare la dotazione ordinaria delle divisioni corazzate, sia quali pezzi di accompagnamento per i reggimenti bersaglieri, in luogo dei normali pezzi controcarro da 47/32 troppo vulnerabili, sia con compiti di accompagnamento ravvicinato dei carri armati, in organico ai battaglioni carri, per l'azione contro centri di resistenza e corazzati nemici, sia come veri e propri pezzi di artiglieria divisionale, con i compiti propri di quella specialità.

Infine, il Regio Esercito si trovò talora ad utilizzare in azione pezzi di artiglieria di provenienza straniera, sia catturati nei Balcani o in ASI, sia acquistati a vario titolo dalla Germania.

---

dei pezzi. Alla fine del 1940 i programmi furono drasticamente ridotti e nel febbraio del 1941 il secondo programma fu abbandonato del tutto, per concentrare le risorse sul primo programma ridotto. Cfr. sul punto, tra gli altri, *Storia dell'artiglieria italiana*, pag. 366 ss.

[7] Lega di magnesio, alluminio, rame e zinco.

PEZZI DI CONCEZIONE MODERNA

CANNONE DA 47/32

Durante gli anni '30 il Regio Esercito sentì l'esigenza di dotarsi di un pezzo moderno sia in funzione di accompagnamento per la fanteria sia per contrastare i mezzi blindati e corazzati, che in quegli anni incominciavano ad affacciarsi con crescente prepotenza.

Il 47/32, prodotto originariamente dalla austriaca Böhler, fu successivamente prodotto su licenza in Italia da vari stabilimenti, in diverse migliaia di esemplari.

PRINCIPALI CARATTERISTICHE TECNICHE

Il 47/32 aveva la bocca di fuoco in acciaio ad un solo pezzo, con otturatore a cuneo trasversale.

L'affusto era a doppia coda, divaricabile e snodabile, e vi poteva essere applicato uno scudo.

Era adatto a qualsiasi tipo di traino, e poteva anche essere trascinato a mano dai serventi, dato il suo peso limitato. Si prestava anche al trasporto someggiato, in 5 carichi. La messa in batteria richiedeva pochi minuti.

Il munizionamento prevedeva, a seconda dell'utilizzo, granate esplosive per l'accompagnamento fanteria e granate perforanti per l'uso controcarro. Nel corso del conflitto furono adottate le granate controcarro a carica cava (EP e EPS). Purtroppo la disponibilità di granate controcarro fu sempre inferiore ai bisogni.

IMPIEGO BELLICO

Il 47/32 rimase per tutta la guerra il pezzo controcarro standard in dotazione al Regio Esercito, in ragione di una compagnia su 8 pezzi per divisione. Come detto, fu anche distribuito come pezzo di accompagnamento per fanteria, in ragione di una compagnia su 8 pezzi per reggimento, anche se non si riuscì mai a sostituire del tutto il vecchio 65/17.

Pertanto, prestò servizio su tutti i fronti che videro impegnato il Regio Esercito, con risultati soddisfacenti per quanto riguarda il primo anno di guerra, essendo sufficientemente efficace contro i carri inglesi della serie *Cruiser* incontrati in ASI fino alla prima metà del 1941.

Successivamente divenne sempre più insufficiente, inidoneo a contrastare sia i nuovi corazzati inglesi ed americani in ASI sia, a maggior ragione, i potenti corazzati russi.

Entrata in servizio	1938
Quantitativo al 10/06/1940	928
Produzione successiva	3.000 ca
Peso	277 kg
Elevazione	-10° / 56°
Angolo tiro	60°
Gittata massima	7.000 m
Cadenza tiro	8 colpi/min

ASI. Serventi trainano un pezzo da 47/32 nella primavera del 1942 (USSME)

ASI. Postazione di pezzo da 47/32 servito da personale libico (USSME)

Postazione di pezzo da 47/32 in Tunisia (USSME)

Marzo 1943. Pattuglia celere sahariana in azione, in primo piano una camionetta armata con mitragliera da 20 mm, in secondo piano camionetta armata con cannone da 47/32 (USSME)

OBICE DA 75/18 MOD. 34 E MOD. 35

Gli obici da 75/18 mod. 34 e mod. 35, erano i due pezzi di artiglieria che avrebbero dovuto costituire l'ossatura dell'artiglieria divisionale, sostituendo rispettivamente i pezzi da 75/13 nelle divisioni alpine e da montagna e da 75/27 mod. 1906 e 1911 nelle divisioni celeri e motorizzate.

Pur essendo stato presentato già nel 1936, la produzione dell'obice andò molto a rilento, tanto che allo scoppio della Seconda Guerra Mondiale la disponibilità era limitata a 114 mod. 34 ed una batteria sperimentale del mod. 35.

PRINCIPALI CARATTERISTICHE TECNICHE

Il 75/18 mod. 34 aveva la bocca da fuoco in acciaio costituita di una camicia interna e di un tubo esterno, separabili a freddo. Questa caratteristica, comune peraltro a gran parte dei pezzi concepiti negli anni '30, permetteva di sostituire la parte interna, una volta usurata, in maniera più rapida. Il tutto era poi avvolto completamente da un manicotto. L'otturatore era a cuneo a scorrimento trasversale.

L'affusto era a doppia coda, divaricabile e ripiegabile in due parti, che si adattavano facilmente ai dislivelli del terreno, e permetteva un ampio settore di tiro orizzontale e verticale. Era previsto uno scudo di 4,4 mm di spessore. Le ruote erano in elektron, del diametro di 70 cm.

L'obice, essendo stato originariamente concepito per le truppe da montagna, era scomponibile in 8 carichi someggiabili. Tuttavia, nella versione andata in produzione, era previsto anche il traino meccanico, sia tramite trattore cingolato da montagna FIAT OCI 708 CM sia tramite trattore TL 37.

Il munizionamento prevedeva granate esplosive, perforanti, e le granate controcarro EP ed EPS a carica cava.

Il 75/18 mod. 35 differiva dal precedente per alcune modifiche all'affusto, adattato al traino meccanico o tramite pariglie di cavalli, allo scopo di assegnare il pezzo alle divisioni celeri e motorizzate.

Per questo le ruote furono sostituite con altre di diametro maggiore, 130 cm contro 70, in lamierino d'acciaio e furono utilizzate sospensioni a barra di torsione, che venivano bloccate per la marcia fuori strada.

Per il traino, il pezzo veniva appoggiato su un avantreno, con ruote uguali a quelle del pezzo, e veniva agganciato al trattore TL37, ad una velocità attorno ai 40 kmh, ma era previsto anche l'uso di autocarrette, oltre che, come detto, di pariglie di cavalli.

Il 75/18 ebbe il suo battesimo del fuoco durante la guerra civile spagnola, dove furono inviati due pezzi allo scopo di sperimentarli sul campo.

Scoppiate le ostilità, l'obice fece la sua prima apparizione sul campo all'atto dell'attacco alla Grecia, dove 2 gruppi risultavano assegnati alle Divisioni *Venezia* e *Ferrara*. La consistenza andò via via aumentando durante la campagna.

Successivamente, il 75/18 equipaggiò le Divisioni *Ravenna, Sforzesca* e *Cosseria* all'atto del loro invio sul fronte russo e le Divisioni corazzate *Ariete* e *Littorio*, che li schieravano ad El Alamein. La Divisione *Superga* li utilizzò in Tunisia.

In Sicilia, all'atto dello sbarco anglo-americano, il pezzo era in dotazione alle Divisioni *Napoli, Livorno* ed *Aosta*.

In seguito all'armistizio, molti pezzi furono catturati dai tedeschi, che li ribattezzarono *7,5 cm GebH-254(i)* e *7,5 cm FH-255(i)* e fecero proseguire la produzione.

Altri pezzi equipaggiarono alcune unità dell'ENR, tra cui, in particolare, alcune batterie del 4° Reggimento artiglieria in forza alla Divisione *Italia* e del 2° Reggimento artiglieria in forza alla Divisione *Littorio*.

Nel sud, due gruppi equipaggiarono l'11° Reggimento artiglieria aggregato al *Primo Raggruppamento Motorizzato* e successivamente al *Corpo Italiano di Liberazione*.

SCHEDA TECNICA

Entrata in servizio	1934 e 1935
Quantitativo al 10/06/1940	114 (tutti mod. 34)
Produzione successiva	418[8]
Peso	780 kg mod. 34
	1.065 kg mod. 35
Elevazione	-10° / 65° mod. 34
	-10° / 45° mod. 35
Angolo tiro	50°
Gittata massima	9.500 m
Cadenza tiro	8 colpi/min

---

[8] Le varie fonti sono discordanti sul numero di pezzi prodotti. La cifra indicata è desunta da L. Ceva, *Storia delle forze armate in Italia*, pag. 345 e si riferisce alla produzione OTO fino al 31 dicembre 1942 e Ansaldo sino al 30 giugno 1943. N. Pignato, *L'ultimo 75 dell'artiglieria italiana*, riferisce di 300 pezzi prodotti da OTO e 60 da Ansaldo al 31 dicembre 1942. *Storia dell'Artiglieria Italiana,* vol. XV, pag. 383, riporta 64 pezzi mod. 35 prodotti da Ansaldo alla stessa data, più altri 54 fino al giugno 1943.

Obice da 75/18 mod. 34, da un opuscolo Ansaldo del 1938 (Fondazione Ansaldo)

Obice da 75/18 mod. 34 al traino di un trattore da montagna FIAT OCI, da un opuscolo pubblicitario Ansaldo del 1938 (Fondazione Ansaldo)

Prototipo dell'obice da 75/18 mod. 1935 a traino meccanico (Museo Storico della Guerra di Rovereto)

Obice da 75/18 mod. 35 con avantreno per il traino con pariglie di cavalli (Archivio Pergher)

CANNONE DA 75/32 MOD. 37

Il cannone da 75/32 nacque dalla richiesta avanzata dallo STAM di studiare un pezzo con gittata superiore rispetto al 75/18 da poco adottato e che potesse anche essere utilizzato in funzione controcarro. Il risultato fu ottenuto montando una bocca da fuoco allungata sull'affusto del 75/18 stesso. Il prototipo del pezzo fu presentato nel 1937.

La prima commessa, passata solo alla fine del 1938, fu per 192 esemplari, ma, ancora una volta, la produzione andò a rilento, tanto che al momento dell'armistizio ne risultavano consegnati solo 172.

Rappresentò il cannone più moderno in dotazione all'artiglieria divisionale del Regio Esercito durante il conflitto, uno dei pochi che fosse realmente efficace contro i mezzi corazzati.

PRINCIPALI CARATTERISTICHE TECNICHE

Le caratteristiche del 75/32 non erano molto differenti da quelle del 75/18, volendo il Regio Esercito poter sfruttare la maggior parte possibile di parti comuni.

La canna era monoblocco, fornita di un freno di bocca a pepiera, che consentiva una maggior gittata.

Le ruote anziché in elektron, erano in lamierino d'acciaio, del diametro di 120 cm con semipneumatici. Il traino avveniva con il trattore TL37, ma era anche prevista la modalità mediante pariglie di cavalli.

Il munizionamento prevedeva granate esplosive e perforanti controcarro, comprese le granate a carica cava EP ed EPS.

IMPIEGO BELLICO

Il pezzo vide il battesimo del fuoco, nonché l'unico impiego bellico, sul fronte russo, dove vennero inviati tre gruppi inquadrati nel 201° Reggimento d'artiglieria motorizzato, prima alle dirette dipendenze del comando del CSIR e successivamente del comando dell'ARMIR. Naturalmente, essi andarono perduti durante l'offensiva sovietica dell'inverno 1942/43 che segnò la distruzione di quell'armata.

Tra i pochi altri pezzi assegnati ai reparti figurano alcuni gruppi in forza alla Divisione *Brennero* ed alla Divisione *Ariete II*.

Successivamente all'armistizio dell'8 settembre, i tedeschi catturarono 48 pezzi ridenominati *FK 248(i)*.

Entrata in servizio	1941
Quantitativo al 10/06/1940	0
Produzione successiva	172
Peso	1.160 kg
Elevazione	-10° / 45°
Angolo tiro	50°
Gittata massima	11.500 m
Cadenza tiro	8 colpi/min

Cannone da 75/32 (Archivio Pergher)

Cannone da 75/32 in azione (Archivio Pergher)

CANNONE A.A DA 75/46 MOD. 34

All'inizio degli anni '30 lo sviluppo che l'aviazione aveva conosciuto rispetto alla Grande Guerra rendeva superati i pezzi di artiglieria a.a. utilizzati durante quel conflitto e tutt'ora in servizio, in particolare il vecchio 75/27CK (cfr infra)

Il Regio Esercito sollecitò quindi la presentazione di nuove armi a.a., facendo cadere nel 1932 la scelta sul pezzo da 75/46 prodotto dall'Ansaldo.

Nel 1933 fu passato un ordinativo per 100 esemplari, la cui produzione, tuttavia, procedette molto a rilento, al punto che al giugno 1940 risultavano esistenti solamente 76 pezzi, con altri 240 in commessa.

Un'ulteriore commessa passata successivamente non fu mai lavorata per mancanza delle materie prime necessarie. Peraltro, a conflitto inoltrato, il pezzo si rivelò inadeguato ai fini di difesa a.a. contro i grossi bombardieri degli Alleati, che potevano volare fuori dalla sua portata.

PRINCIPALI CARATTERISTICHE TECNICHE

Il pezzo da 75/46 non presentava caratteristiche particolarmente innovative rispetto ad altri pezzi studiati e prodotti da altre case nel medesimo periodo, tuttavia si rivelò una buona arma antiaerea, dotata di una sufficiente potenza e di una buona celerità di tiro.

La bocca da fuoco, in analogia agli altri pezzi concepiti nel corso degli anni '30, aveva un'anima innestata a freddo, per la sostituzione sul posto. L'anima stessa, tuttavia, aveva il difetto di usurarsi velocemente.

Nella versione campale, durante il tiro, l'affusto poggiava su una piattaforma a crociera con 4 bracci, il che dava al pezzo una buona stabilità ed un ampio arco di brandeggio.

Per il traino, i due bracci laterali venivano alzati mentre l'asse centrale fungeva da carrello, cui venivano agganciate 4 ruote gommate.

La prima centrale di tiro asservita alle batterie da 75/46 fu la Gala mod. 37, sviluppata in Italia, che però venne sostituita a partire dal 1940 con la centrale di fabbricazione ungherese Gamma mod. 40, servita da 8 specialisti, che, a differenza della precedente, era in grado di comunicare direttamente i dati di tiro ai pezzi. La centrale Gamma era capace di determinare le coordinate esatte di apparecchi che volavano ad una velocità di 540 km/h ad un'altezza di 7.500 m.

Purtroppo, il numero di centrali fu sempre inferiore ai bisogni, tanto che nel luglio del 1943, sulle 31 batterie operative, 11 erano equipaggiate con la centrale Gamma.

Il pezzo era dotato sia di munizionamento con spoletta a percussione sia con spoletta a tempo. Come altri pezzi a.a. utilizzati durante la Seconda Guerra Mondiale rivelò la sua efficacia anche in funzione controcarro, grazie all'elevata velocità del proiettile.

Il battesimo del fuoco del cannone da 75/46 avvenne in occasione della guerra civile spagnola, dove fu inviato un gruppo su 8 pezzi. Fu successivamente impiegato, vuoi nella versione campale vuoi in quella da posizione, su tutti i fronti dove operò il Regio Esercito.

In AOI erano schierate 4 batterie da posizione, con 16 pezzi in totale, andati naturalmente perduti con la caduta della colonia.

Due gruppi da posizione risultavano schierati sul confine greco – albanese al momento dell'attacco alla Grecia.

Alcune batterie campali parteciparono alla campagna di Russia, con i Gruppi IV e XIX, su due batterie, inviati a seguito del CSIR nel 1941, a cui poi furono aggiunti l'anno successivo altri 3 Gruppi, XXXVI, XXXVII e XXXVIII, su tre batterie, che seguirono le sorti dell'ARMIR.

In ASI diverse batterie contribuivano alla difesa a.a. delle principali località della colonia, ed alcuni pezzi seguirono i resti delle divisioni italo tedesche fino in Tunisia, dove furono anche schierati alcuni gruppi auto campali[9]. Tutti questi pezzi andarono perduti con la resa delle truppe italo – tedesche in quello scacchiere, nel maggio 1943.

Dopo l'8 settembre la produzione del 75/46 proseguì per conto dei tedeschi, che ridenominarono il pezzo *7,5 cm FlaK-264/3 e 4(i)*.

La RSI equipaggiò alcune unità della propria specialità di Artiglieria Contraerei (Ar.Co.).

Il pezzo venne utilizzato anche dagli alleati per la difesa contraerea dei territori del sud Italia.

SCHEDA TECNICA

Entrata in servizio	1934
Quantitativo al 10/06/1940	76
Produzione successiva	366 (al 30 giugno 1943)
Peso	3.330 kg
Elevazione	0°/90°
Angolo tiro	360°
Gittata massima	8.500 m
Cadenza tiro	15 colpi/min

---

[9] *Storia dell'artiglieria italiana*, pag. 699 ss, riporta, ad aprile 1943, XC, XCI e XIV Gruppo in forza alla 1ª Armata; XL e XXXV in forza al 3° Raggruppamento d'artiglieria del XXX C.A.

Russia, pezzo a.a. da 75/46 in postazione nell'inverno del 1942 (USSME)

Tunisia, primo piano di pezzo a.a. da 75/46 del 90° Gruppo (USSME)

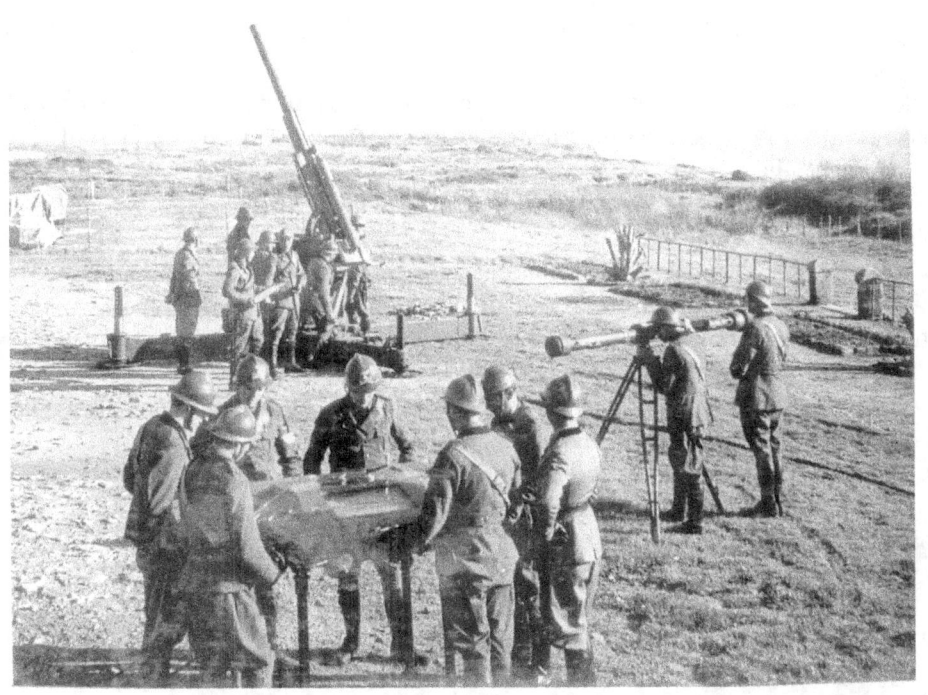

Pezzo a.a da 75/46 della DICAT con centrale di tiro (Archivio Pergher)

Cannone a.a. da 75/46 in assetto di traino (Fondazione Ansaldo)

CANNONE A.A. DA 90/53 MOD. 39

Nel 1938 il Regio Esercito emanò le specifiche per un cannone contraerei che fosse efficace contro i bombardieri di recente adozione che operavano oramai ad una quota superiore alla portata del 75/46.

Lo STAM incaricò dello studio l'Ansaldo, che già stava lavorando ad un pezzo da 90 mm per conto della Regia Marina, dal quale partì per mettere a punto una versione terrestre, sia da posizione sia campale. Il primo complesso, nella variante da posizione fissa, venne ultimato nel gennaio 1940 e dopo le prove di omologazione effettuate a Nettuno nell'aprile seguente, il Regio Esercito passò immediatamente una commessa.

L'inizio della consegna delle batterie da posizione avvenne in tempi tutto sommato rapidi, mentre i tempi per la consegna dei pezzi campali subirono parecchi ritardi, a causa di vari ripensamenti sul tipo di piattaforma da adottare. Fu così che i primi affusti campali poterono essere consegnati solo nel dicembre del 1942.

Per ovviare a questo ritardo che privava le unità operanti di un potente mezzo di difesa antiaerea e controcarro, l'esercito già nel 1941 decise di installare i pezzi sui pianali degli autocarri pesanti Lancia 3RO e Breda 51 rinforzato (denominato Breda 52) per un utilizzo a fianco delle forze mobili e corazzate.

PRINCIPALI CARATTERISTICHE TECNICHE

Il 90/53 era un pezzo di concezione moderna, uno dei migliori a.a. prodotti durante la guerra dai paesi belligeranti.

La bocca da fuoco era semplice, in acciaio speciale al nichel-cromo-molibdeno, con otturatore a cuneo a scorrimento orizzontale, manovrabile sia manualmente sia a mezzo di congegno automatico, che lo teneva aperto dopo l'estrazione del bossolo. L'anima era innestata a freddo, per una sostituzione più rapida in caso di usura.

Nella versione campale, l'affusto era fissato su una piattaforma a crociera, per cui il pezzo poggiava sul terreno in corrispondenza della parte terminale dei 4 bracci, mentre tutto il resto rimaneva sollevato dal terreno. In posizione di fuoco, l'affusto poteva ruotare sulla piattaforma per 360°.

Per il traino, i due bracci laterali venivano sollevati in posizione verticale, mentre in corrispondenza dell'asse principale venivano agganciati due carrelli a ruote gommate, in modo da ottenere una vettura a 4 ruote. Il traino veniva effettuato dal trattore pesante Breda mod. 32.

Il munizionamento prevedeva granate a spoletta o granate a percussione. Successivamente, costatata l'utilità del pezzo per l'utilizzo controcarro, furono adottare le granate perforanti.

Per l'uso a.a. era previsto l'utilizzo della centrale di tiro BGS, rimorchiata al seguito della batteria e servita da 6 specialisti. Il telemetro della centrale rilevava i dati del velivolo, che poi venivano immessi manualmente nel calcolatore elettronico. Quest'ultimo, in base ai dati ricevuti, attraverso impulsi elettrici regolava alzo e brandeggio del pezzo e spoletta della granata.

A partire dal 1942 inoltrato, la centrale fu asservita al radiorilevatore radar tedesco *Wurzburg*, ribattezzato *Volpe*, in grado di indirizzare il tiro della batteria su bersagli distanti fino a 12.000 metri e con velocità fino a 720 kmh.

Purtroppo il numero delle centrali di tiro fu sempre inferiore ai bisogni, per cui, in assenza, le batterie si limitarono al fuoco d'interdizione, senza poter sparare a bersagli inquadrati.

Nella versione auto cannone, la massa oscillante era incavalcata su un affusto a candeliere, fissato sul pianale dell'autocarro, opportunamente modificato per consentire il brandeggio e facilitare il movimento dei serventi.

Durante il tiro, l'autocarro veniva ancorato a terra mediante una serie di vomeri che venivano ripiegati nella fase di marcia.

IMPIEGO BELLICO

Il 90/53 vide il proprio battesimo del fuoco, nella versione autocannone, in ASI, in organico ai reggimenti di artiglieria delle Divisioni corazzate *Ariete* e *Littorio*, che li ricevettero all'inizio del 1942, e seguirono queste unità fino ad El Alamein e poi durante la ritirata in Tunisia. Proprio in Tunisia arrivarono altri autocannoni, al seguito della Divisione corazzata *Centauro*. Tutti i pezzi andarono perduti con la resa delle truppe dell'Asse in Tunisia, nel maggio del 1943.

In Sicilia, nel luglio successivo, operò il DV Gruppo da 90/53, ancora su autocannoni, a disposizione della 6ª Armata. Batterie da 90/53, da posizione e campali, difesero efficacemente la traversata dello Stretto di Messina effettuata dalle truppe italo – tedesche che sgomberavano l'isola.

Dopo l'armistizio, la Wehrmacht catturò diverse decine di pezzi, denominandoli *9,0 cm FlaK 41(i)*, e provvide anche a fare continuare la produzione negli stabilimenti del nord Italia. Alcuni pezzi, concessi dai tedeschi, furono in dotazione alla specialità di Artiglieria Contraerei (Ar.Co) della RSI.

I pezzi da 90/53 catturati dagli alleati vennero inglobati nel 1944 nella *Italy Air Defence Area*.

Il 90/53 rimase in servizio nella Difesa Aerea Territoriale (DAT) fino alla fine degli anni '60, modificato utilizzando un freno di bocca. La centrale di tiro rimase la BGS, asservita a radar di produzione britannica fino al 1953, quando fu sostituita con la centrale di tiro Contraves F90 BT, costruita in Italia su licenza.

Il 90/53 fu radiato definitivamente dal servizio solamente nel 1970.

Entrata in servizio	1939
Quantitativo al 10/06/1940	0
Produzione successiva	982 (120 autocannoni)
Peso	8.950 kg
Elevazione	-2°/85°
Angolo tiro	360°
Gittata massima	17.400 m
Cadenza tiro	20 colpi/min

Cannone a.a. da 90/53 (Archivio Pergher)

Prove di traino su un prototipo di cannone a.a da 90/53 in assetto di marcia (Archivio Per-gher)

Autocannone da 90/53 montato su camion Lancia 3Ro (Fondazione Ansaldo)

Autocannone da 90/53 montato su camion Breda 51 rinforzato (Fondazione Ansaldo)

Piattaforma dell'autocannone da 90/53 (Archivio Pergher)

OBICE DA 149/19 MOD. 37

Al termine della Grande Guerra l'artiglieria pesante campale del Regio Esercito era costituita da cannoni da 105 mm, obici da 149 Krupp (149/l2) e Ansaldo (149 mod. 16) e da obici Skoda dello stesso calibro di preda bellica (149/13).

Alla fine degli anni '20 si decise di impostare un moderno obice da 149 che sostituisse i pezzi della Grande Guerra. Dopo varie prove, il pezzo venne adottato solo nel 1937, e successivamente furono passate le prime commesse. Peraltro, il prototipo fu modificato a più riprese, tanto che la produzione di serie poté iniziare nelle officine Ansaldo e OTO solo alla fine del 1941. In seguito, lo scoppio della guerra e la conseguente penuria di materie prime fecero rallentare ulteriormente il programma.

Pertanto, al momento dell'entrata in guerra nessun pezzo era stato ancora consegnato ed in tutto il 1941 la produzione non superò i 16 pezzi. Peraltro, i numeri concernenti la produzione totale di obici da 149/19 sono piuttosto incerti[10].

PRINCIPALI CARATTERISTICHE TECNICHE

Il pezzo da 149/19 aveva la bocca da fuoco in acciaio, costituita da un tubo esterno e da una camicia interna, separabili a freddo, con otturatore a vitone.

L'affusto era a doppia coda, con le code divaricabili, cui erano applicate due ruote gommate. Il rinculo era variabile a seconda dell'elevazione. In posizione di tiro, l'affusto poggiava su un sottoaffusto, il quale a sua volta si poggiava sul terreno sottostante. Questa caratteristica, in comune con il cannone da 149/40 e con l'obice da 210/22, consentiva una maggiore stabilità del pezzo ed una minore sollecitazione dovuta al tiro stesso.

Per il traino, il 149/19 veniva separato in due vetture, trainate dal trattore per artiglieria Pavesi a ca. 30 kmh. In alternativa, era possibile il traino ad una sola vettura per brevi tratti e su strade pianeggianti, a velocità sensibilmente ridotta.

A partire dal 1941, con l'adozione del trattore per artiglieria SPA TM 40, divenne possibile il traino in una sola vettura, operando sul pezzo alcune modifiche, che dettero vita al 149/19 mod. 41 (vettura unica con avantreno) e 149/19 mod. 42 (vettura unica senza avantreno). In realtà la disponibilità di trattori fu sempre molto al di sotto dei bisogni del Regio Esercito.

---

[10] Cfr. L. Ceva, *Storia delle forze armate in Italia*, nella tabella di pag. 345, riproposta in allegato, dove viene riportata la produzione di 436 pezzi. Incrociando questo dato con quello riportato in *Storia dell'artiglieria italiana,* cit., pag. 382ss, dove si precisa che l'Ansaldo avrebbe prodotto 42 pezzi nel 1942 ed altri 74 fino al giugno 1943 presso lo stabilimento di Pozzuoli se ne potrebbe desumere una produzione OTO pari a 320 pezzi. N. Pignato, *L'obice da 149/19 OTO 1937*, pag. 23, citando due diverse fonti OTO, riporta commesse pari prima 312 pezzi e poi a 304 pezzi, peraltro non interamente consegnate. Specifica inoltre che non risulterebbe alcuna produzione da parte dell'Ansaldo di Pozzuoli.

Se, come evidenziato nel paragrafo di apertura, la produzione andava a rilento, la consegna ai reparti dei pezzi realizzati fu ancora più lenta, probabilmente a causa della citata mancanza di sufficienti trattori per il traino del pezzo. Fu così che nessun 149/19 fu inviato in ASI né in Russia.

L'obice ebbe pertanto il battesimo del fuoco solo in Sicilia, e in un numero di pezzi inadeguato a contrastare efficacemente gli anglo-americani, nonostante le sue prestazioni fossero giudicate ottime. Le fonti non sono concordi né sul numero effettivo di obici schierati né sulla numerazione dei reparti presenti sull'isola[11].

Nei giorni successivi all'armistizio, i 149/19 del 135° Reggimento artiglieria corazzata, in organico alla Divisione *Ariete II*, parteciparono alla difesa di Roma, difendendo il caposaldo di Monterosi contro la 3ª Divisione *Panzegranadieren*.

Nella primavera del 1944 con alcuni pezzi disponibili nel sud fu organizzato il CLXXVI Gruppo artiglieria, aggregato all'11° Reggimento artiglieria motorizzata, in forza al *Corpo Italiano di Liberazione*.

Con i pezzi disponibili al nord, il neo costituito ENR equipaggiò, in ragione di un gruppo ciascuno, il 2° Reggimento artiglieria in forza alla Divisione *Littorio*, il 3° Reggimento artiglieria, della Divisione *San Marco* ed il 4° Reggimento artiglieria, assegnato alla Divisione *Italia*. Inoltre furono armate con obici da 149/19 alcune batterie costiere.

Anche l'esercito tedesco catturò diverse decine di obici, denominandoli *15 cm - sFH 404(i)*. E' altresì accertata la produzione di 13 complessi per la Wehrmacht.

---

[11] Secondo A. Santoni, *Le operazioni in Sicilia e in Calabria,* pag. 499 ss. risultano il CLVII Gruppo, al XII Corpo d'Armata, una batteria del XXX Gruppo pluricalibro, al XVI Corpo d'Armata, ed il CLVIII Gruppo assegnato alla Piazza Militare Marittima Messina Reggio Calabria. *Storia dell'artiglieria italiana,* pag. 855 ss, riporta il CLI ed il CLVII Gruppo, su due batterie, oltre ad un gruppo su tre batterie giunto ad operazioni iniziate. Segnala inoltre altri due gruppi in Sardegna. In F. Cappellano, *Le artiglierie del regio esercito nella seconda guerra mondiale*, viene riportata la presenza sull'isola di 5 gruppi. N. Pignato, *L'obice da 149/19 OTO 1937*, pag. 25, riporta CLI e CLVII Gruppo al XVI C.A. ed un ulteriore gruppo al XII C.A.

Entrata in servizio	1937
Quantitativo al 10/06/1940	1
Produzione successiva	436
Peso	5.780 kg
Elevazione	-3° / 60°
Angolo tiro	50°
Gittata massima	15.320 m
Cadenza tiro	2/3 colpi/min

Obice da 149/19 in Sardegna nell'estate del 1943 (USSME)

Vettura obice di un pezzo da 149/19 (Archivio Pergher)

Prototipo dell'obice da 149/19 OTO con vettura affusto e vettura obice (Fondazione Ansaldo)

Gruppo di obici da 149/19 ripresi nel dopoguerra, al traino di trattori d'artiglieria TM48 (Archivio Olivero)

CANNONE DA 149/40 MOD. 35

Nel quadro del rinnovamento delle artiglierie pesanti, nel corso del 1929 il Regio Esercito chiese all'Ansaldo e all'AREN di sviluppare un nuovo cannone da 149 mm con cui sostituire i pezzi da 149 e da 152 risalenti alla Grande Guerra.

Al termine delle prove la scelta cadde sul pezzo approntato dall'Ansaldo, che venne adottato nel 1935 con la denominazione ufficiale di cannone da 149/40 mod. 35. Ne furono commissionati alla ditta 48 pezzi, la cui consegna fu completata poco dopo lo scoppio delle ostilità. La nota penuria di materie prime che attanagliò l'industria italiana fin dai primi mesi di guerra impedì di lavorare le commesse successive.

PRINCIPALI CARATTERISTICHE TECNICHE

Il 149/40 era un ottimo pezzo di artiglieria, in grado di tenere il confronto con le migliori artiglierie dell'epoca.

La bocca da fuoco, in acciaio, era costituita da un tubo esterno ed una camicia interna, separabili a freddo, ed il congegno di chiusura era a vitone.

L'affusto era a doppia coda, con le code ad assetto variabile sia orizzontale sia verticale, per una migliore aderenza al terreno, e ruote ad anelli semipneumatici di 130 cm di diametro. Il rinculo variava con l'elevazione del pezzo.

In posizione di tiro l'affusto poggiava su un sottoaffusto che a sua volta si poggiava sul terreno, migliorando ulteriormente la stabilità del pezzo ed evitando sollecitazioni dell'affusto durante il tiro.

Per il traino il pezzo veniva separato in due vetture, trainate dal trattore per artiglieria pesante Breda mod. 32, ad una velocità attorno ai 30 kmh. Per brevi tratti, su strade pianeggianti e con fondo stradale in perfette condizioni, era consentito il traino ad una sola vettura, a velocità ridotta. Il tempo di messa in batteria era di ca. 12 minuti.

IMPIEGO BELLICO

A causa della mancanza di trattori per l'artiglieria d'armata, i pezzi prodotti non furono assegnati tempestivamente ai reparti e non presero parte alle fasi iniziali della guerra.

Il primo gruppo a essere costituito fu il XXXIII, con funzioni di artiglieria da posizione costiera. Solo nel 1941 fu possibile costituire i Gruppi mobili XXXI, XXXII e XXXIV e dotare il XXXIII dei propri trattori d'artiglieria.

Nell'aprile 1941 il XXXIII Gruppo fu inviato in Jugoslavia in organico alla 2ª Armata. Alla fine dello stesso anno il gruppo fu spedito in ASI, assegnato all'8° Raggruppamento d'artiglieria d'armata. Esso partecipò all'offensiva italo-tedesca della primavera del 1942, fu schierato ad El Alamein e seguì le truppe in ritirata fino in Tunisia.

I Gruppi XXXI, XXXII e XXXIV, furono inviati in Russia, alle dipendenze del 9°
Raggruppamento d'artiglieria d'armata dell'ARMIR, di cui seguirono le sorti.
Dopo l'armistizio, 13 pezzi furono prodotti per conto dei tedeschi, con la denominazione *15 cm K-408(i)*, che però li utilizzarono come artiglierie da posizione.

SCHEDA TECNICA

Entrata in servizio	1935
Quantitativo al 10/06/1940	48
Produzione successiva	0
Peso	11.430 kg
Elevazione	45°
Angolo tiro	57°
Gittata massima	23.700 m
Cadenza tiro	1 colpi/min

Prototipo del cannone da 149/40, fotografato allo stabilimento Ansaldo di Cornigliano nel 1935 (Fondazione Ansaldo)

Vettura della bocca da fuoco del cannone da 149/40 (Fondazione Ansaldo)

Vettura affusto del cannone da 149/40 durante prove di traino su terreno accidentato effettuate presso lo stabilimento Ansaldo di Cornigliano nel 1935 (Fondazione Ansaldo)

ANSALDO

CANNONE DA 149/40 MOD. 35

SOCIETA ANONIMA
GENOVA

CANON DE 149mm/40 CAL. MOD. 35

149 mm/40 GUN MOD. 35

CAÑON DE 149/40 MOD. 35

Opuscolo pubblicitario edito dall'Ansaldo nel 1938 (Fondazione Ansaldo)

ASI. Batteria da 149/40 (USSME)

Russia. Cannone da 149/40 al tiro (USSME)

OBICE DA 210/22 MOD. 35

Nel 1929 vennero emanate le specifiche per un nuovo obice con cui equipaggiare l'artiglieria d'armata, destinato a sostituire tutti gli obici e le bombarde risalenti alla Grande Guerra, oramai pressoché inservibili.

Le prove determinarono l'adozione dell'obice da 210/22 mod. 35 la cui produzione fu affidata all'Ansaldo ed alla OTO. La prima serie di 24 pezzi fu commissionata nell'autunno del 1938, ed interamente consegnata prima dello scoppio della guerra. Tuttavia, 8 pezzi vennero venduti all'Ungheria, per cui il Regio Esercito disponeva al giugno 1940 di 16 obici. Ulteriori commesse furono lavorate solo in minima parte, tanto che la produzione durante il conflitto non superò la quarantina di pezzi[12].

PRINCIPALI CARATTERISTICHE TECNICHE

Si trattava di un pezzo dalla buona gittata, maneggevole, con un buon alzo ed un buon brandeggio, sicuramente all'altezza delle migliori artiglierie dell'epoca.

La bocca da fuoco, in acciaio, era costituita da un tubo esterno ed una camicia interna, separabili a freddo, in analogia agli altri pezzi moderni del Regio Esercito, con otturatore a vitone.

L'affusto era a doppia coda divaricabile, bloccato al suolo da due vomeri, cui erano applicate 4 ruote gommate. Il rinculo era variabile in funzione dell'elevazione del pezzo.

Sempre in analogia con gli altri pezzi di concezione moderna, quando era in posizione di tiro l'affusto poggiava su un sottoaffusto, a sua volta appoggiato al terreno, in modo da dare maggiore stabilità al pezzo e diminuire l'effetto del tiro sull'affusto e sulle ruote.

Inoltre, la particolare conformazione del sottoaffusto permetteva una rapida rotazione fino a 360° del pezzo, solo sollevando i vomeri ed il carrello.

Il traino avveniva normalmente in 2 carichi separati trainati dal trattore Breda mod. 32. Per il traino in montagna, tuttavia, i carichi potevano divenire 4. Anche il 210/22 poteva essere trainato, per brevi tratti, su strade pianeggianti e col fondo perfetto, in un'unica vettura. La messa in batteria richiedeva ca. 30 minuti.

Utilizzava granate esplosive appositamente prodotte, ma anche le granate da 210 già utilizzate nella Grande Guerra per il 210/8. Poteva altresì sparare granate perforanti.

---

[12] Anche per questo pezzo i numeri sulla produzione sono discordanti. Secondo la citata tabella pubblicata da L. Ceva, *Storia delle forze armate in Italia,* pag. 45, i complessi prodotti guerra durante sarebbero 36. Secondo N. Pignato – F. Cappellano, *L'obice da 210/22 mod. 35,* pag. 8, la produzione successiva allo scoppio del conflitto comprenderebbe 30 obici nel 1942 e 16 nel 1943.

Il primo e unico reparto ad avere in carico gli obici da 210/22 mod. 35 fu il LXXIII Gruppo inquadrato nel 9° Raggruppamento artiglieria d'armata in forza ARMIR. Il gruppo arrivò in Ucraina nell'agosto del 1942. Nel settembre dello stesso anno il comando dell'ARMIR dispose che i gruppi d'artiglieria fossero pluricalibro, quindi al LXXIII Gruppo rimase solo la 176ª batteria, mentre la 177ª e la 178ª furono assegnate al XXXI ed al XXXIV Gruppo (originariamente armati di 12 cannoni da 149/40 mod. 35). Nello stesso mese la 176ª batteria sparò i primi colpi in teatro operativo con il 210/22. Il 14 dicembre i 210/22 furono schierati sul Don, ma dopo soli quattro giorni iniziò la ritirata, con l'abbandono dei pezzi pochi giorni dopo.
Nel 1943 fu costituito il LXXIV Gruppo, che però non divenne mai operativo.
Gli altri pezzi prodotti fino al 1943 non furono assegnati ai reparti, probabilmente per mancanza di mezzi atti al traino, e quindi non videro impiego bellico.
Dopo l'8 settembre la Wehrmacht fece proseguire la produzione ed ottenne altri 22 obici, denominati *21 cm H 520(i)*.
Nel dopoguerra, il 210/22 continuò a servire nei ricostituiti reggimenti di artiglieria pesante fino alla metà degli anni '50, e fu definitivamente radiato solo nel 1969.

SCHEDA TECNICA

Entrata in servizio	1935
Quantitativo al 10/06/1940	16
Produzione successiva	36
Peso	15.885 kg
Elevazione	70°
Angolo tiro	75°
Gittata massima	15.455 m
Cadenza tiro	1 colpo/ogni 2 min

Modello in legno dell'obice da 210/22 presso lo stabilimento Ansaldo di Cornigliano nel 1930 (Fondazione Ansaldo)

Obice da 210/22 (Fondazione Ansaldo)

Vettura obice di un pezzo da 210/22 (collezione Pergher)

ANSALDO

OBICE DA 210/22 - MOD. 935

SOCIETÀ ANONIMA
GENOVA

OBUSIER DE 210/22 - MOD. 935
210 mm/22 HOWITZER - MARK 935
OBÚS DE 210/22 - MOD. 935

Opuscolo pubblicitario edito dall'Ansaldo nel 1938 (Fondazione Ansaldo)

PEZZI RISALENTI ALLA GRANDE GUERRA

OBICE DA 65/17

Il pezzo da 65/17 fu il primo pezzo a deformazione concepito e sviluppato completamente in Italia.

Originariamente denominato 65A, venne adottato dal Regio Esercito nel 1910 per equipaggiare i reggimenti di artiglieria alpina. Le consegne iniziarono nel 1913, alla vigilia della Grande Guerra e la produzione continuò fino alla fine del conflitto.

PRINCIPALI CARATTERISTICHE TECNICHE

Il 65/17 aveva una bocca da fuoco in acciaio con otturatore a vite tronco conica.

L'affusto era a coda unica e rinculo costante, munito di due ruote in legno a 12 razze, che, su un certo numero di pezzi, si provvide a sostituire con ruote metalliche. Era prevista la possibilità di applicare una scudatura.

Essendo stato concepito in origine per le truppe da montagna, il pezzo era someggiabile, scomposto in 5 carichi, tuttavia era anche previsto il traino animale e meccanico.

IMPIEGO BELLICO

Dopo avere servito durante la Grande Guerra, a partire dagli anni '20 il 65/17 venne progressivamente sostituito nell'ambito dei reggimenti di artiglieria da montagna con il pezzo da 75/13 di preda bellica (cfr. infra) e venne quindi assegnato ai reggimenti di fanteria come artiglieria d'accompagnamento in ragione di 4 pezzi per reggimento.

In questa nuova funzione partecipò alla guerra d'Etiopia ed alla guerra civile spagnola.

A partire dal 1935 il 65/17 cominciò ad essere progressivamente sostituito dal nuovo pezzo da 47/32 e venne quindi passato ad unità della Milizia e della GaF, nonché ad opere fortificate in funzione di artiglieria da posizione. Allo scoppio della guerra, tuttavia, molti reggimenti di fanteria ne erano ancora equipaggiati.

Il 65/17 rimase anche in dotazione ad alcuni reggimenti di artiglieria divisionale, in particolare 2 gruppi al 60° Reggimento d'artiglieria della Divisione *Granatieri di Savoia*, stanziata in AOI, e 3 gruppi dell'80° Reggimento di artiglieria della Divisione aerotrasportabile *Spezia*, schierata in Tunisia, adattati al traino attraverso speciali motociclette.

Durante la Seconda Guerra Mondiale il 65/17 operò su tutti i fronti tranne la Russia, e fu utilizzato, in mancanza di meglio, anche per il tiro controcarro, utilizzando granate perforanti tradizionali ed a carica cava (EP).

In ASI, alcuni pezzi furono montati su camionette britanniche di preda bellica tipo Morris CS8, che diedero nel complesso buona prova di sé, stante l'agilità del mezzo e la possibilità di brandeggiare il pezzo a 360°

ASI. Autocannone da 65/17 Morris (Museo Storico della Guerra di Rovereto)

Dopo l'armistizio questo pezzo fu utilizzato da alcuni reparti della RSI, tra cui il Battaglione *Barbarigo* della X^a MAS, che li impiegò ad Anzio.

SCHEDA TECNICA

Entrata in servizio	1913
Quantitativo al 10/06/1940	700
Peso	556 kg
Elevazione	-7°/20°
Angolo tiro	8°
Gittata massima	6.500 m
Cadenza tiro	5/6 colpi/min

Tunisia. Batteria da 65/17 al traino di speciali motocarrozzette (USSME)

Tunisia, primavera 1943, batteria da 65/17 schierata in funzione controcarro. Notare il pezzo in primo piano munito di ruote metalliche, mentre gli altri pezzi sullo sfondo conservano le originali ruote in legno (USSME)

OBICE DA 75/13

L'obice da 75/13 fu prodotto dalla Skoda per gli eserciti austro-ungarico, bulgaro e turco. Fu utilizzato con buoni risultati durante la Grande Guerra e, al termine della stessa, fu acquisito in diverse centinaia di esemplari dal Regio Esercito come preda bellica ed a titolo di riparazioni di guerra. Contemporaneamente l'Italia cominciò a produrlo su licenza.

A partire dagli anni '20 fu distribuito ai reggimenti di artiglieria alpina e da montagna in luogo dell'obice italiano da 65/17 (cfr supra) fino a divenire il principale pezzo per questo tipo di unità.

PRINCIPALI CARATTERISTICHE TECNICHE

La bocca da fuoco era in acciaio, composta da un'anima interna ed un manicotto esterno, con otturatore a cuneo orizzontale.

L'affusto era a coda unica, con vomere ribaltabile, e rinculo variabile, munito di ruote in legno a 12 razze, del diametro di 80 cm.

Essendo destinato ad operare in ambiente montano, il pezzo era predisposto principalmente per il someggio, attraverso la scomposizione in 7 carichi, tuttavia si prestava anche al il traino, animale o, eventualmente, meccanico.

Il munizionamento prevedeva granate esplosive ma fu occasionalmente usato anche in funzione controcarro, con l'utilizzo di granate perforanti tradizionali ed a carica cava (EP ed EPS).

IMPIEGO BELLICO

Allo scoppio della Seconda Guerra Mondiale erano in dotazione al Regio Esercito diverse centinaia di obici da 75/13, benché nel 1934 fosse stato ufficialmente adottato il nuovo obice da 75/18 mod. 1934, che era destinato a sostituirlo (cfr supra). Per questo esso operò in tutti i teatri di guerra.

Dopo l'armistizio una grande quantità di pezzi furono catturati dai tedeschi che li ribattezzarono *7,5 cm GebK-259(i)*. Molti pezzi furono anche in dotazione alle forse armate della RSI.

Il nuovo Esercito Italiano continuò ad essere equipaggiato con il 75/13 fino alla metà degli anni '50, quando questo pezzo venne sostituito con il nuovo obice da 104/14 mod. 56.

Entrata in servizio	1915
Quantitativo al 10/06/1940	1187
Peso	613 kg
Elevazione	-10°/50°
Angolo tiro	7°
Gittata massima	8.200 m
Cadenza tiro	6/8 colpi/min

Dalmazia, maggio 1943. Tiri con obice da 75/13 (USSME)

Croazia, aprile 1943. Obice da 75/13 al traino (USSME)

Croazia, Baia di Ploca primavera del 1943. Pezzo da 75/13 da posizione (USSME)

Pezzo da 75/13 someggiato (Archivio Olivero)

CANNONE DA 75/27 MOD. 06, MOD. 11 E MOD. 12

1) MOD. 1906

Cannone da 75/27 mod. 06 (Museo Storico della Guerra di Rovereto)

Il 75/27 mod. 06 nasce dall'esigenza manifestatasi ai primi del '900 di sostituire il vecchio 75A ad affusto rigido in dotazione al Regio Esercito con un pezzo più moderno.

La scelta cadde sul modello Krupp da 75 mm a tiro rapido, e l'ordine passato alla casa tedesca prevedeva tanto la fornitura diretta di pezzi quanto di parti per la produzione di ulteriori pezzi presso gli arsenali italiani.

Allo scopio della Grande Guerra il pezzo non era più in produzione, essendo già in corso la sostituzione con il 75/27 mod. 1911 (cfr. infra). Tuttavia, visto l'insufficiente afflusso di questi ultimi pezzi, la produzione venne ripresa nel 1916 da parte dell'Ansaldo, che la portò avanti fino al termine delle ostilità.

PRINCIPALI CARATTERISTICHE TECNICHE

Il 75/27 mod. 06 aveva bocca da fuoco in acciaio, costituita da un'anima interna rivestita esternamente da un manicotto, con otturatore a cuneo prismatico.

L'affusto era a coda unica, a rinculo costante, munito di due ruote, originariamente in legno a 12 razze, del diametro di 130 cm. Vi era applicato uno scudo dello spessore di 4 mm.

Il traino era principalmente a-
nimale, con pariglie di cavalli,
unendo il pezzo ad un apposito
avantreno, ma anche meccanico, tramite il trattore TL37 per
artiglierie leggere.
Per rendere possibile il traino
meccanico di questi pezzi si
procedette sia all'adozione del
carrello elastico sia alla sostituzione delle ruote in legno con
ruote in metallo, prima in
elektron e successivamente in
lamierino di acciaio.

ASI. Prove di traino in ambiente desertico di un cannone da
75/27 mod. 06 con carrello elastico (Archivio Pergher)

Il munizionamento, oltre alle granate esplosive, prevedeva anche granate perforanti
tradizionali ed a carica cava (EP ed EPS) per il tiro controcarro, cui il pezzo venne
occasionalmente adattato in mancanza di controcarro più idonei.

IMPIEGO BELLICO

Il primo impiego del pezzo avvenne già durante la guerra italo-turca (1911 – 1912),
e successivamente, come accennato, fu estensivamente usato durante la Grande
Guerra.
Partecipò negli anni '20 alla campagna di riconquista della Libia, quindi alla
campagna di Etiopia nonché alla guerra civile spagnola, in cui, oltre ai pezzi in forza al corpo di spedizione italiano (CTV), diverse centinaia di pezzi equipaggiarono
le forse nazionaliste.
I cannoni da 75/27 mod. 1906 ancora in servizio all'inizio della Seconda Guerra
Mondiale erano circa 1700, e formavano, insieme al mod. 1911, l'ossatura dei reggimenti di artiglieria divisionale (spesso 2 gruppi su 3). Questo portò questi pezzi
ad essere i più impiegati dall'artiglieria del Regio Esercito, che li utilizzò praticamente su tutti i fronti, tranne AOI, dove fu utilizzato il cannone da 77/28 (cfr. infra), e la Russia, dove gli fu preferito il mod. 11.
Dopo l'8 settembre 1943 numerosi pezzi vennero utilizzati sia dalle forze armate
della RSI, sia dai tedeschi, che li ridenominarono *7,5 cm FK 237 (i)*.

SCHEDA TECNICA

Entrata in servizio	1906
Quantitativo al 10/06/1940	1.699
Peso	1.015 kg
Elevazione	-10°/16°
Angolo tiro	7°
Gittata massima	10.200 m
Cadenza tiro	6/8 colpi/min

2) MOD. 1911

Il 75/27 mod. 11 derivava dal pari calibro francese Déport a tiro rapido, ed era destinato a rimpiazzare quale artiglieria divisionale il mod. 06. In realtà, invece, a causa dello scoppio della Grande Guerra, la produzione dei due pezzi andò avanti in parallelo (cfr supra) ed essi operarono fianco a fianco sia in quel conflitto sia nella Seconda Guerra Mondiale.

PRINCIPALI CARATTERISTICHE TECNICHE

Rispetto al precedente mod. 1906, il mod. 1911 aveva la bocca da fuoco con otturatore a vitone cilindrico.
L'affusto, invece, era a doppia coda, ed aveva un rinculo combinato, in modo da consentire alzi più elevati. Anch'esso era fornito di scudatura da 4 mm.
Per il traino, vale quanto già detto per il mod. 06: normalmente a traino animale, adattato al traino meccanico con trattore TL37 con utilizzo del carrello elastico o previa sostituzione delle ruote in legno con ruote in metallo. Tuttavia, al giugno 1940, su oltre 1300 75/27 mod. 11 in linea meno di 300 erano stati predisposti al traino meccanico.
Il pezzo utilizzava generalmente granate esplosive, tuttavia, occasionalmente, in mancanza di pezzi più idonei, il pezzo fu utilizzato anche in funzione controcarro, con l'utilizzo delle granate perforanti tradizionali ed a carica cava (EP ed EPS), con risultati, tuttavia, modesti.

IMPIEGO BELLICO

Nel periodo tra le due guerre, il pezzo fu utilizzato dalle truppe italiane nel corso della guerra civile spagnola, al seguito della quale diverse decine di batterie furono cedute alla Spagna.

Durante la Seconda Guerra Mondiale, il cannone 75/27 mod. 11, essendo il pezzo divisionale tipo, assieme al modello 06, operò su tutti i fronti, tranne l'AOI.

Pezzo da 75/27 mod. 11 con ruote metalliche in azione ad El Mechili nel febbraio del 1942 (USSME)

In ASI alcuni esemplari opportunamente modificati nell'affusto furono montati direttamente sul trattore TL37, dando vita ad alcune batterie di autocannoni che si batterono fino alla resa delle truppe italiane in Tunisia.

Dopo l'8 settembre 1943 numerosi esemplari vennero utilizzati sia dalle forze armate della RSI, sia dai tedeschi, che li ridenominarono *7,5 cm FK 244 (i)*.

SCHEDA TECNICA

Entrata in servizio	1911
Quantitativo al 10/06/1940	1.341
Peso	1.075 kg
Elevazione	-15°/65°
Angolo tiro	53°
Gittata massima	10.200 m
Cadenza tiro	6/8 colpi/min

Russia, autunno 1941. Batteria da 75/27 mod. 11 (USSME)

Russia, dicembre 1941. Pezzo da 75/27 mod. 11 in postazione (USSME)

Russia, pezzo da 75/27 su carrello elastico trainato da un trattore TL37 (USSME)

3) MOD. 1912

Il 75/17 mod. 1912 era uno sviluppo del mod. 1906, modificato ed alleggerito per facilitare il traino con pariglie di cavalli.

All'entrata in guerra esistevano 51 pezzi di questo modello, assegnati ai reggimenti di artiglieria delle divisioni celeri *Principe Amedeo Duca d'Aosta*, *Emanuele Testa di Ferro* e *Eugenio di Savoia,* in ragione di un gruppo per reggimento. Successivamente, i tre gruppi furono riuniti in un unico reggimento per essere inviati in Russia al seguito della 3° Divisione celere *Principe Amedeo*, nell'ambito del CSIR.

Russia. Batteria da 75/27 mod. 12 (USSME)

Tuttavia, l'anno successivo, alla costituzione dell'ARMIR, tale divisione dismise i mod. 1912 per ricevere la consueta dotazione di 2 gruppi di 75/27 mod. 11 e 1 gruppo da 100/17.

Russia, cannone da 75/27 mod. 12 in postazione (USSME)

CANNONE A.A. DA 75/27 C.K.

Il cannone da 75/27 C.K. (Commissione Krupp) nacque da un progetto sviluppato dall'AREN a partire dal cannone da 75/27 mod. 06, che aveva lo scopo di dotare il Regio Esercito di un pezzo a.a. alla vigilia della Grande Guerra.

La produzione partì nel 1915 a cura dell'Ansaldo.

Durante il conflitto furono prodotte svariate batterie costituite di complessi in cui il pezzo era montato sullo chassis dell'autocarro Itala 10, denominato autocannone da 75/27 C.K., oltre ad alcune decine di esemplari da postazione fissa.

Nel dopoguerra l'autocannone fu mantenuto in servizio, e ne furono prodotti anche ulteriori esemplari nel corso degli anni '20, nonostante il fatto che a fronte degli enormi progressi nel campo dell'aviazione il pezzo fosse oramai inadeguato. L'unica variante di rilievo fu la sostituzione dell'autocarro con il Ceirano 50 CMA e l'asservimento alla centrale di tiro Gamma. Al giugno 1940 ne esistevano 166 esemplari.

PRINCIPALI CARATTERISTICHE TECNICHE

Le caratteristiche della bocca da fuoco erano sostanzialmente quelle del 75/27 di origine, con congegno di chiusura automatico.

L'affusto era a candeliere, per il montaggio sull'autocarro o sui vari altri supporti sui quali fu occasionalmente montato. Nel caso dell'autocannone, durante il tiro l'autocarro veniva ancorato al suolo mediante puntelli.

Come accennato, le batterie da 75/27 C.K. erano asservite alla centrale di tiro Gamma (cfr supra).

IMPIEGO BELLICO

Nonostante il complesso da 75/27 C.K. fosse palesemente superato e destinato nei progetti a compiti di protezione di obiettivi secondari, stante la scarsezza ed il ritardato arrivo di materiale migliore, esso fu largamente utilizzato sia nel periodo tra le due guerre sia nella Seconda Guerra Mondiale.

Due gruppi su due batterie operarono durante la guerra d'Etiopia ed altre batterie furono impiegate durante la guerra civile spagnola.

Durante la Seconda Guerra Mondiale, stante la cronica mancanza di pezzi moderni, l'autocannone da 75/27 C.K. operò su quasi tutti i fronti, compreso il fronte africano, benché l'autocarro fosse giudicato lento, inadatto a seguire le truppe mobili ed a operare fuori pista.

Solamente in Russia non trovò impiego, in quanto si decise di inviarvi il più moderno materiale da 75/46 (cfr supra).

Alcune batterie erano ancora schierate in Sicilia al momento dello sbarco anglo-americano nonostante il fatto che il pezzo fosse palesemente superato.

Entrata in servizio	1915
Quantitativo al 10/06/1940	166
Peso	1.030 kg
Elevazione	0°/70°
Angolo tiro	360°
Gittata massima	6.100 m
Cadenza tiro	15 colpi/min

Sezione di due autocannoni da 75/27 CK durante la Grande Guerra (Museo Storico della Guerra di Rovereto)

Toldi di Noriglio (Trento) pezzo a.a. da 75/27 CK (Museo Storico della Guerra di Rovereto)

CANNONE DA 77/28

Pezzo da 77/28 conservato presso il Museo Storico della Guerra di Rovereto

Il 77/28 era uno dei principali pezzi di artiglieria in uso presso l'esercito austro-ungarico durante la Grande Guerra. Prodotto dalle case Skoda e Böhler in diversi modelli, tra i quali anche uno adatto all'uso contraerei, il regio Esercito ne acquisì diverse centinaia di esemplari sia quale preda bellica sia in conto riparazioni di guerra.

Principali caratteristiche tecniche

Il 77/28 aveva bocca da fuoco in bronzo o in acciaio, a seconda dei modelli, ed otturatore a cuneo orizzontale.
L'affusto era a coda unica, a deformazione, ed a rinculo costante.
Originariamente a traino animale, e scomponibile in tre carichi per il someggio, venne adattato al traino meccanico con il sistema del carrello elastico. Talvolta, i-noltre, fu adottato anche l'autotrasporto, caricando il pezzo e fissandolo al cassone di un autocarro.

Questo pezzo fu dislocato dal Regio Esercito nelle colonie, in origine solo in funzione di pezzo da posizione o in dotazione alle divisioni di truppe coloniali.

In AOI costituiva il grosso dell'artiglieria schierata in quel teatro, ma anche in ASI erano dislocate diverse decine di pezzi, la maggior parte dei quali andarono perduti durante la controffensiva inglese dell'autunno 1940.

Il 77/28 conobbe un altro ciclo di impiego campale a partire dal 1942, quando alcune decine di pezzi furono distribuiti alle divisioni *Brescia*, *Bologna* e *Pavia* in funzione controcarro. Al seguito di queste divisioni esso fu impiegato ad El Alamein.

Anche in Tunisia, il pezzo fu assegnato ad alcune divisioni, ovvero la *Centauro*, la *Spezia* e la *Trieste*, oltre che al Raggruppamento Sahariano.

SCHEDA TECNICA

Entrata in servizio	1917
Quantitativo al 10/06/1940	245
Peso	1.050 kg
Elevazione	-7/+18°
Angolo tiro	8°
Gittata massima	7.300 m
Cadenza tiro	10 colpi/min

OBICE DA 100/17

Questo pezzo fu realizzato dalla Skoda all'inizio del '900 per l'esercito austro-ungarico, sia nella versione trainabile (mod. 1914) sia nella versione da montagna scomponibile per il trasporto in tre carichi (mod. 1916)
Al termine della Grande Guerra, il Regio Esercito ne acquisì ben 1.222 come preda bellica e altri 1.472 come riparazione per i danni di guerra.

PRINCIPALI CARATTERISTICHE TECNICHE

La bocca da fuoco era in acciaio, semplice, con otturatore a cuneo orizzontale.
L'affusto era a coda unica, con apertura centrale per agevolare il tiro con alzi elevati, a rinculo variabile. Era munito di due ruote, originariamente in legno a 12 razze, del diametro di 130 cm, nel mod. 14, rimpicciolite nel mod. 16 da montagna. Era previsto uno scudo da 4,7 mm.
Il traino era prevalentemente animale, con pariglie di cavalli, per il traino meccanico venne utilizzato il trattore per artiglieria leggera TL37. Analogamente ad altri pezzi, fu adottato il sistema del carrello elastico o si procedette a sostituire le ruote originali con ruote metalliche in elektron o lamierino d'acciaio. Al giugno 1940 i pezzi con ruote metalliche erano ca 200.
Il munizionamento prevedeva granate esplosive ed anche granate perforanti tradizionali o a carica cava (EP ed EPS) per il tiro controcarro.

IMPIEGO BELLICO

Vista l'ampia disponibilità di questo obice, al giugno 1940 esso costituiva, assieme al noto 75/27, l'ossatura dei reggimenti di artiglieria divisionale, generalmente in ragione di un gruppo per reggimento.
Pertanto, il pezzo partecipò a tutte le campagne che videro impegnato il Regio Esercito.
In ASI, allo scopo di poter appoggiare più da vicino le formazioni mobili, diversi pezzi furono montati su camion Lancia 3Ro modificati, dando vita ad alcune batterie di auto cannoni.
A seguito dell'armistizio, grossi quantitativi di 100/17 caddero nelle mani dei tedeschi, che li ribattezzarono *10 cm leFH 315(i)*. Allo stesso modo, alcuni pezzi equipaggiarono reparti della RSI.
Nel dopoguerra il pezzo, più volte modificato e ammodernato, rimase in servizio fino alla metà degli anni '80.

Entrata in servizio	1914
Quantitativo al 10/06/1940	1.705
Calibro	100
Elevazione	-8°/48°
Angolo tiro	5°
Gittata massima	9.200 m
Cadenza tiro	4/6 colpi/min

ASI, estate 1942. Tiro di sbarramento con obice da 100/17 (USSME)

ASI, inverno 1941. Autocannone da 100/17 (USSME)

CANNONE DA 105/28

Alla vigilia della Grande Guerra il Regio Esercito decise di dotarsi di un cannone di calibro superiore al 75 allora esistente, da assegnare alla specialità di artiglieria pesante campale, a fianco dell'obice da 149/12.
La scelta cadde su un pezzo da 105 modellato sul pari calibro francese Schneider, la cui produzione fu affidata all'Ansaldo.
I primi pezzi entrarono in linea solo nel 1916 e la produzione continuò fino al 1919.

PRINCIPALI CARATTERISTICHE TECNICHE

Il 105/28 aveva la bocca da fuoco in acciaio, rinforzata nella parte posteriore con l'applicazione di un manicotto, con otturatore a vite.
L'affusto era a coda unica, che terminava con un vomere fisso, a rinculo costante.
All'affusto erano applicate due ruote, originariamente in legno a 12 razze del diametro di 133 cm oltre che una scudatura di 4,5 mm.
In origine, il pezzo era a traino animale, con pariglie di cavalli, arretrando la bocca da fuoco rispetto all'affusto e poggiando quest'ultimo su un avantreno. Già durante la Grande Guerra fu avvertita l'esigenza di meccanizzare l'artiglieria pesante campale e quindi si fecero esperimenti per il traino tramite autocarro pesante.
Nel dopoguerra, la meccanizzazione procedette e, per adattare i pezzi al traino meccanico, fu adottato dapprima il carrello elastico e successivamente si avviò anche la sostituzione delle ruote in legno con ruote in elektron e, poi, in lamierino d'acciaio. Quale trattore per il traino fu adottato dapprima il Pavesi e successivamente il TM40.
Il munizionamento prevedeva granate esplosive e, analogamente ad altri pezzi, il 105/28 fu adattato al tiro controcarro, utilizzando granate perforanti tradizionali o a carica cava (EP ed EPS).

IMPIEGO BELLICO

Entrato in linea durante la Grande Guerra, al pari di molti altri pezzi coevi, il 105/28 partecipò alle varie imprese belliche intraprese nel periodo fra le due guerre. Durante la guerra d'Etiopia fu schierato un gruppo su due batterie, mentre in Spagna, dove l'uso di artiglieria potente e di lunga gittata era più sentita, furono utilizzate diverse centinaia di pezzi.
Allo scoppio della Seconda Guerra Mondiale molti raggruppamenti di C.A. erano equipaggiati col 105/28, che pertanto, operò su tutti i teatri in cui operò il Regio Esercito.
In AOI erano schierate 15 batterie, andate naturalmente perdute con la caduta della colonia.
In ASI allo scoppio delle ostilità erano schierati 4 raggruppamenti di artiglieria di C.A., ognuno dei quali era equipaggiato con 2 gruppi da 105/28. Inoltre, alcune

batterie da 105 erano schierate in funzione di artiglieria da posizione. Gran parte di questo materiale andò perduto durante l'offensiva britannica dell'inverno 1940. Nei mesi successivi affluirono dall'Italia altri pezzi, che parteciparono alle successive operazioni fino ad El Alamein ed alla successiva ritirata fino in Tunisia.

All'inizio della campagna di Grecia, all'ottobre 1940, risultavano schierati 3 gruppi in forza al 26° Raggruppamento di artiglieria di C.A.

Durante la campagna di Russia, al momento dell'approntamento dell'ARMIR, facendo tesoro delle esperienze maturate con il CSIR, il Regio esercito decise di dotare di un gruppo da 105 ciascun reggimento di artiglieria divisionale, cosicché in quel teatro affluirono, oltre al XXII ed al XXIII Gruppo del 2° Raggruppamento artiglieria di C.A., in forza al II Corpo d'Armata, anche tre ulteriori gruppi in forza alle divisioni *Cosseria*, *Ravenna* e *Sforzesca*. Questi pezzi andarono tutti perduti a seguito dell'offensiva sovietica dell'inverno 1942, che portò alla distruzione dell'ARMIR.

In Sicilia, al momento dello sbarco anglo-americano, risultavano schierati: il XXI e XLVIII Gruppo del 12° Raggruppamento di C.A. in forza al XII C.A.[13]. ed i Gruppi X, XVI e XXIX del 40° Raggruppamento in forza al XVI C.A. Svariate altre batterie erano schierate in funzione di difesa statica ed antisbarco.

A seguito dell'armistizio, svariate decine di pezzi furono requisiti dai tedeschi, che li ridenominarono *10,5 cm Kan 338 (i)*.

Una batteria fu utilizzata ad Anzio dal Gruppo artiglieria *San Giorgio* della Xª MAS in appoggio al Battaglione *Barbarigo*.

Nel Sud, il 105/28 equipaggiò un gruppo dell'11° Reggimento artiglieria in forza al *Primo Raggruppamento Motorizzato* e, successivamente al *Corpo Italiano di Liberazione*.

SCHEDA TECNICA

Entrata in servizio	1916
Quantitativo al 10/06/1940	956
Peso	2.170 kg
Elevazione	-5°/37°
Angolo tiro	14°
Gittata massima	12.780 m
Cadenza tiro	2/4 colpi/min

---

[13] A. Santoni, *Le operazioni in Sicilia e in Calabria,* pag. 502, assegna al 12° Raggruppamento anche il XXII Gruppo da 105/28.

Schieramento di cannoni da 105/28 (Archivio Pergher)

Traino di una batteria da 105/28 mediante carrello elastico (Archivio Pergher)

Pezzo da 105/28 sul fronte di Tobruk nell'autunno 1941 (USSME)

Tunisia, pezzo da 105/28 in postazione. Sullo sfondo, parzialmente mimetizzati, trattori d'artiglieria (Archivio Pergher)

CANNONE DA 105/32

Il 105/32 era un cannone prodotto dalla Skoda per l'esercito austro-ungarico, originariamente come calibro 104.

Dopo la Grande Guerra, il Regio Esercito acquisì diverse centinaia di tali pezzi sia come preda bellica sia in conto riparazioni di guerra e li immise in servizio, inizialmente con il calibro originale. Alla fine degli anni '30, tuttavia, tutti furono ricalibrati dall'AREN in 105.

Allo scoppio della Seconda Guerra Mondiale erano a disposizione 238 pezzi.

PRINCIPALI CARATTERISTICHE TECNICHE

Il 105/32 aveva la bocca da fuoco in acciaio, rinforzato con due manicotti nella parte centrale e posteriore, con otturatore a cuneo orizzontale.

L'affusto era a coda unica, con rinculo costante. Vi erano applicate due ruote, in legno a 12 razze del diametro di 130 cm.

Il traino era originariamente animale, mediante 3 pariglie di cavalli, ma fu adattato occasionalmente anche al traino meccanico, a mezzo del trattore Pavesi, con l'utilizzo di un carrello elastico; non fu invece intrapresa la sostituzione delle ruote originali con ruote metalliche. Era previsto anche il traino in montagna, suddiviso in 4 carichi.

IMPIEGO BELLICO

Il 105/32 fu utilizzato per la prima volta dal Regio Esercito in Abissinia, ancora con il calibro 104.

Durante la Seconda guerra Mondiale, i 105/32 equipaggiarono il LX, LXI e LXII Gruppo in forza al 30° Raggruppamento di artiglieria di C.A. del CSIR e, l'anno successivo, il LI, LII e LIII Gruppo dell'11° Raggruppamento di artiglieria di C.A. in forza al C.A. Alpino.

Sul finire del 1942, il LVII, LVIII e LIX Gruppo furono inviati in Tunisia, in forza al XXX C.A..

Dopo l'armistizio alcuni pezzi furono catturati dalla Wehrmacht, che li ribattezzò *10.5 cm K-320(i)*, ed una batteria fu incorporata nel Gruppo artiglieria da montagna *San Giorgio* della X^a MAS che la utilizzò sul fronte di Anzio in appoggio al Battaglione *Barbarigo*.

SCHEDA TECNICA

Entrata in servizio	1916
Quantitativo al 10/06/1940	238
Peso	3.299 kg
Elevazione	-10°/30°
Angolo tiro	6°
Gittata massima	16.200 m
Cadenza tiro	Fino a 10 colpi/min

Pezzo da 105/32 in posizione (USSME)

Tunisia, primavera 1943, artiglieri pronti a fare fuoco con un cannone da 105/32 (USSME)

OBICE DA 149/13

L'obice da 149/13 fu prodotto dalla Skoda per l'esercito austro-ungarico a partire dal 1914, in due versioni, ossia il mod. 14 ed il mod. 14/16. In maniera analoga a molti altri pezzi utilizzati dall'Austria – Ungheria durante la Grande Guerra, parecchi esemplari caddero in mani italiane, sia quali preda bellica sia in conto riparazioni di guerra.

Costatate le migliori qualità di questo obice rispetto a quello da 149/12 prodotto dall'Ansaldo utilizzato dal Regio Esercito durante quel conflitto, si decise di adottarlo quale obice standard per la specialità di artiglieria di C.A., passando il 149/12 a compiti di artiglieria da posizione.

Al giugno 1940 erano disponibili 490 pezzi.

Principali caratteristiche tecniche

La bocca da fuoco, in acciaio, era cerchiata da due manicotti, uno posto in corrispondenza della culatta e l'altro centralmente. L'otturatore era a cuneo con scorrimento orizzontale.

L'affusto era a coda unica e terminava con un vomere per stabilizzare il pezzo in fase di tiro. Il rinculo era variabile. All'affusto erano applicate due ruote, originariamente in legno, del diametro di 100 cm. Era munito di una scudatura di 5 mm, fornita sia nella versione dritta sia nella versione curvata.

Nella versione 14/16 l'affusto fu leggermente modificato e reso più leggero.

Originariamente a traino animale, nel periodo tra le due guerre fu convertito al traino meccanico, sia adottando il carrello elastico sia sostituendo le ruote originali con altre in lamierino d'acciaio. Il trattore era l'usuale Pavesi.

Il munizionamento prevedeva granate esplosive, tuttavia allo scoppio della Seconda Guerra Mondiale le sue prestazioni, soprattutto in termini di gittata, anche con le nuove granate mod. 32 erano inferiori rispetto ad analoghi pezzi degli altri paesi belligeranti.

Come accennato, il 149/13 era al giugno 1940 l'obice standard in forza ai raggruppamenti di artiglieria di C.A. Come tale servì su tutti i fronti su cui fu impegnato il Regio Esercito, a partire dalla breve campagna di Francia fino alla difesa della Sicilia, passando per l'ASI, l'AOI, la Grecia, la Yugoslavia e la Russia.

Russia. Obice da 149/13 in casamatta (USSME)

Nonostante a partire dal 1942 fosse in corso la sua (lenta) sostituzione con il nuovo obice da 149/19 (cfr supra), all'epoca dell'invasione anglo-americana della Sicilia il 149/13 era ancora l'arma standard schierata.

Dopo l'armistizio alcuni pezzi andarono ad equipaggiare Gruppi da posizione costiera della RSI.

SCHEDA TECNICA

Entrata in servizio	1914
Quantitativo al 10/06/1940	490
Peso	2.765 kg
Elevazione	-5°/70°
Angolo tiro	6°
Gittata massima	8.800 m
Cadenza tiro	2/3 colpi/min

Obice Ansaldo da 149/12 (Archivio Pergher)

Novembre 1918, obici da 149/13, già 15 cm austro-ungarici, abbandonati a Lardaro (Trento) (Museo Storico della Guerra di Rovereto)

Traino di un obice da 149/13 su carrello elastico, agganciato ad un trattorie d'artiglieria TL37 (Museo Storico della Guerra di Rovereto)

CANNONE DA 149/35

Cannone Ansaldo da 149A poi 149/35 (Museo Storico della Guerra di Rovereto)

Gli studi per questo pezzo d'artiglieria che doveva di rimpiazzare il vecchio 149G iniziarono in Italia sullo scorcio dell'800. Solo dopo alcuni anni di prove, il 149A (acciaio) o 149/35 fu omologato, nel 1901 e messo in produzione presso la Armstrong di Napoli.

PRINCIPALI CARATTERISTICHE TECNICHE

La bocca da fuoco era in acciaio, una novità nel panorama delle artiglierie italiane di inizio '900, con un manicotto all'altezza della culatta. L'otturatore era a cuneo.
Si trattava di un pezzo ad affusto rigido, che pertanto aveva bisogno di essere puntato dopo ogni sparo, abbassando notevolmente la celerità di tiro. In fase di tiro, le ruote venivano munite di rotaie a cingolo e la coda dell'affusto poggiava su un pancone.
Nel periodo tra le due guerre furono portati avanti vari tentativi per sostituire l'affusto rigido con uno a deformazione, che però non portarono a nessun risultato.
Fu così che allo scoppio della Seconda Guerra Mondiale l'arma standard dei raggruppamenti di artiglieria d'armata era uno dei pochi pezzi ad affusto rigido ancora in circolazione, che, benché avesse delle caratteristiche balistiche non disprezzabili, aveva una celerità di tiro molto bassa. Il pezzo pertanto era obsoleto.

Per il traino, i percorsi brevi potevano essere superati a vettura unica, poggiando l'affusto su un avantreno, preferibilmente rimovendo le rotaie a cingolo. Per i percorsi lunghi invece era necessario scomporre il pezzo in due parti, che venivano trasportate su carri rimorchiati da trattori d'artiglieria o autocarri pesanti.

IMPIEGO BELLICO

Il fatto che all'inizio delle ostilità esso fosse il pezzo standard in dotazione ai raggruppamenti di artiglieria d'armata fece sì che facesse la sua apparizione su tutti i fronti di guerra, tranne l'AOI, dove non fu schierato, e la Russia, in cui l'ARMIR fu dotato delle (poche) artiglierie moderne prodotte nel frattempo (149/40 e 210/22 cfr supra).
Stante l'elevato numero di pezzi disponibili e l'insufficienza dei mezzi di traino, un buon numero di pezzi furono anche assegnati alla GaF, per un utilizzo come batteria da posizione.

SCHEDA TECNICA

Entrata in servizio	1901
Quantitativo al 10/06/1940	923
Peso	8.600 kg
Elevazione	-10°/35°
Angolo tiro	0°
Gittata massima	17.500 m
Cadenza tiro	1 colpo ogni 6 min

CANNONE DA 152/37

Si tratta ancora una volta di un cannone prodotto dalla Skoda per l'esercito austro-ungarico a partire dal 1915, ed utilizzato sul fronte italiano durante la Grande Guerra. Al termine del conflitto, il Regio Esercito ne aveva catturato 29 esemplari che nel dopoguerra rimasero in servizio ed andarono ad equipaggiare alcuni gruppi di artiglieria d'armata.

PRINCIPALI CARATTERISTICHE TECNICHE

Il pezzo aveva la bocca da fuoco in acciaio, rinforzata da due manicotti, uno posteriore, in corrispondenza della culatta, ed uno centrale. L'otturatore era a cuneo orizzontale.
L'affusto era a coda unica, con rinculo variabile, munito di due ruote metalliche del diametro di 150 cm.
Il traino era su due vetture, una per l'affusto, appoggiato su un avantreno, e l'altra per la bocca da fuoco, ambedue trainate da un trattore per artiglieria Breda 32.

IMPIEGO BELLICO

All'inizio della Seconda Guerra Mondiale esistevano 4 gruppi armati con il 152/37, numerati dal LI al LIV. Essi operarono prima contro la Francia mentre in seguito il LI Gruppo fu schierato in Grecia ed il LII andò in ASI, dove seguì le divisioni italiane fino a El Alamein.
A partire dalla primavera del 1943 i pezzi rimasti passarono alla difesa costiera.

SCHEDA TECNICA

Entrata in servizio	1915
Quantitativo al 10/06/1940	29
Peso	11.900 kg
Elevazione	-6°/45°
Angolo tiro	6°
Gittata massima	21.800 m
Cadenza tiro	1 colpo ogni 2 min

Grecia, marzo 1941. Traino di un pezzo da 152/37 (USSME)

ASI. Messa in batteria di un cannone da 152/37 (Museo Storico della Guerra Rovereto)

PEZZI TEDESCHI O DI PREDA BELLICA

CANNONE DA 37/45

Il cannone da 37/45 era un pezzo di fabbricazione tedesca, denominazione originale *3,7 cm PaK 35/36*, prodotto dalla Rheinmetall, a partire dalla metà degli anni '30. Fino a tutto il 1945 fu prodotto in 15.000 esemplari ed esportato in moltissimi paesi. Fino al 1940 fu uno dei migliori pezzi controcarro in circolazione, poi superato dal rapido aumento della corazzatura dei carri armati.

Il Regio Esercito venne in possesso di alcuni pezzi già a seguito della guerra d'Etiopia, catturandoli all'esercito del Negus, che li aveva acquistati in Germania. Altri esemplari vennero acquistati durante la guerra di Spagna ed, infine, durante le fasi iniziali della Seconda Guerra Mondiale.

PRINCIPALI CARATTERISTICHE TECNICHE

Il 37/45 aveva la bocca da fuoco in acciaio, facilmente sostituibile in caso di logorio, e otturatore a cuneo.

L'affusto era a doppia coda, con ruote in metallo munite di pneumatici, con scudatura. L'inclinazione dello scudo e la sagoma molto bassa rendevano questo cannone ben protetto contro il fuoco leggero e le schegge.

Il traino era esclusivamente meccanico, e, per brevi tratti, poteva essere trainato a braccia dai serventi.

IMPIEGO BELLICO

Il Regio Esercito utilizzò il 37/45 in funzione controcarro in ASI, in particolare durante la prima offensiva italo-tedesca della primavera del 1941, quando esso fu distribuito alle divisioni *Ariete, Bologna, Brescia* e *Pavia*.

SCHEDA TECNICA

Pezzi acquisiti	ca 90
Peso	440 kg
Elevazione	-8°/25°
Angolo tiro	59°
Gittata massima	800 m
Cadenza tiro	13 colpi/min

ASI. Pezzo da 37/45 nel deserto nell'autunno del 1941 (USSME)

ASI. Serventi trainano un pezzo da 37/45 nella primavera del 1942 (USSME)

CANNONE DA 75/97/38

Il pezzo da 75/97/38 (citato talune volte anche come 75/39) trae origine dal cannone da 75 mod. 1897 Schneider, sviluppato in Francia verso la fine del XIX secolo, prodotto in diverse migliaia di esemplari e utilizzato dall'esercito francese durante la Grande Guerra.

Allo scoppio della Seconda Guerra Mondiale il 75 era ancora largamente in uso presso gli eserciti polacco e francese e molte centinaia di pezzi vennero catturati dai tedeschi, che li adibirono a compiti di difesa territoriale.

Tuttavia, al momento dell'invasione dell'URSS, la Wehrmacht si trovò a confrontarsi con mezzi corazzati contro i quali i pezzi controcarro in dotazione in quel momento erano insufficienti. Nell'attesa che l'industria tedesca producesse dei controcarro da 75, l'esercito tedesco pensò di adattare il 75 francese al tiro controcarro, cambiando però l'affusto originale, che permetteva un modesto angolo di tiro e non consentiva il traino a velocità adeguate, con l'affusto del controcarro tedesco PAK 38 da 50 mm.

PRINCIPALI CARATTERISTICHE TECNICHE

Il pezzo aveva bocca da fuoco in acciaio ed otturatore ad azione rapida che permetteva una cadenza di tiro piuttosto elevata.

L'affusto, come detto, era quelle del controcarro tedesco PaK 38, a doppia coda e rinculo costante, che consentiva un buon angolo di tiro, con due ruote metalliche gommate e scudatura. Il pezzo si faceva apprezzare per la sagoma molto bassa.

Il traino era meccanico.

IMPIEGO BELLICO

Il pezzo fu ceduto dai tedeschi a diversi eserciti alleati, che lo utilizzarono estensivamente sul fronte russo.

Il Regio Esercito ne ebbe 9 batterie su sei pezzi ciascuna che furono assegnate ai reggimenti di artiglieria delle divisioni dell'ARMIR, in ragione di una batteria per reggimento. Durante l'offensiva sovietica dell'inverno 1942 tutti questi pezzi andarono persi[14].

---

[14] F. Cappellano, *Le artiglierie del regio esercito nella seconda guerra mondiale*, pag. 266, cita alcuni altri pezzi, ceduti dai tedeschi nella primavera del 1943 in Sicilia ed impiegati contro gli anglo-americani.

Pezzi acquisiti	54
Peso	1.190 kg
Elevazione	-10°/18°
Angolo tiro	60°
Gittata massima	1.500 m
Cadenza tiro	12/14 colpi/min

Vista frontale di un pezzo controcarro da 75/97/38 conservato al Museo Storico della Guerra di Rovereto)

Vista posteriore del medesimo pezzo da 75/97/38

CANNONE A.A. DA 75/50

Nel giugno del 1939 l'Italia aveva dei forti crediti (circa 300 milioni di lire dell'epoca) nei confronti della Germania per la cessione di materiali lavorati.

D'intesa con le autorità tedesche, il governo italiano decise di richiedere a saldo del debito la fornitura di batterie a.a., per rimpolpare le scarne difese della madrepatria e della Libia, in attesa che l'industria nazionale fornisse un numero adeguato di pezzi.

Nel quadro di questo accordo giunsero in Italia batterie da 7,5 cm M37(t), 75/50 nella nomenclatura italiana e 8,8 cm FlaK, in Italia denominati 88/55 (cfr infra).

PRINCIPALI CARATTERISTICHE TECNICHE

Il 75/50 era un ottimo pezzo contraereo, apprezzato successivamente anche per le sue buone qualità controcarro.

Per il tiro contraereo si giovava di una centrale di tiro Skoda T7N, capace di seguire un aereo in volo a 500km/h e ad un'altitudine compresa tra 300 e 9.600 m, piuttosto avanzata per l'epoca. Utilizzava due tipi di munizionamento, una granata a scoppio ritardato, per il tiro contraereo ed una granata perforante per il tiro controcarro.

Aveva il classico affusto a croce, che presentava una sagoma molto bassa sul terreno, anche se non offriva nessuna protezione per i serventi.

IMPIEGO BELLICO

I primi pezzi giunsero in Italia pochi giorni dopo l'ingresso in guerra e furono assegnati alla difesa statica di alcune città.

Le consegne proseguirono durante tutto il conflitto, permettendo al Regio Esercito di equipaggiare anche alcune batterie autocampali, utilizzate sul fronte nordafricano.

Il XLIII Gruppo autocampale, su due batterie, fu assegnato alla Divisone motorizzata *Trieste*, con la quale combatté fino ad El Alamein. Gli ultimi pezzi autocampali furono impiegati in Tunisia.

SCHEDA TECNICA

Pezzi acquisiti	Diverse decine fino al 1943
Peso	2.800 kg
Elevazione	0°/85°
Angolo tiro	360°
Gittata massima	9.100 m
Cadenza tiro	20 colpi/min

Vista frontale e posteriore del pezzo da 75/50 conservato presso il Museo dell'Artiglieria di Torino

OBICE DA 88/27 PB

Obice da 88/27 PB è la denominazione assunta dall'*Ordnance QF 25 pdr Mk2*, pezzo da 25 libbre molto versatile, adottato dall'esercito britannico poco prima dello scoppio della Seconda Guerra Mondiale.
Il Regio Esercito ebbe a che fare con questo pezzo, tra i più diffusi dell'artiglieria britannica, in ASI, dove ebbe modo di apprezzarne, suo malgrado, le qualità.
Durante la seconda offensiva italo-tedesca in nord Africa, nel 1942, la travolgente avanzata dell'Asse fece cadere in mano italiana alcune decine di questi obici, particolarmente a seguito della presa di Tobruk.

PRINCIPALI CARATTERISTICHE TECNICHE

L'*Ordnance QF 25 pdr Mk2* era un pezzo noto come obice-cannone, in quanto era in grado di sparare sia con tiro teso sia con traiettoria ad arco. Occasionalmente venne utilizzato dai britannici anche come controcarro.
L'affusto era a coda unica, e durante il tiro veniva poggiato su una piattaforma di tiro circolare che consentiva un rapido brandeggio a 360°. Era prevista una scudatura a protezione dei serventi.
Le ruote erano in metallo e gommate, ottimali per il traino meccanico, non essendo previsto il traino animale, con aggancio diretto al trattore.

IMPIEGO BELLICO

La Divisione *Trento* riuscì nell'estate del 1942 ad equipaggiare un gruppo d'artiglieria con pezzi da 88/27 PB, che seguì la divisione fino ad El Alamein.
8 pezzi, inquadrati nel 16° Raggruppamento di C.A., in forza al XX C.A. erano ancora operativi in Tunisia, nella primavera del 1943.

SCHEDA TECNICA

Pezzi acquisiti	ca 20
Peso	1.800 kg
Elevazione	-5°/45°
Angolo tiro	360°
Gittata massima	12.253 m
Cadenza tiro	6/8 colpi/min

Pezzo britannico da 25 libbre (ordnance QF 25 pdr) abbandonato ad El Mechili nel febbraio del 1942. Notare in primo piano il dettaglio della piattaforma di tiro circolare (USSME)

Colonna di 88/27 P.B. in marcia nel deserto, completi di carrello portamunizioni, al traino di camionette britanniche Morris (USSME)

CANNONE A.A DA 88/55

Il pezzo da 88/55, cui si fa riferimento talora anche come 88/56, altro non è se non il celebre pezzo a.a. *8,8cm FlaK*, prodotto per la Wehrmacht dalla Krupp in oltre 10.000 esemplari a partire dagli anni '30. Nel corso del conflitto, grazie all'alta velocità del proietto, si rivelò anche un ottimo pezzo controcarro.

Al pari del pezzo a.a. da 75/50, l'Italia ottenne dalla Germania a partire dal 1939 la cessione di alcune batterie come pagamento di materiale fornito all'alleato.

Nel prosieguo del conflitto, stante la penuria di materiale italiano, le forniture di questo pezzo continuarono, cosicché già nel 1943 erano schierate sul territorio italiano diverse centinaia di batterie, in parte rimaste di proprietà tedesca ma servite da personale italiano.

PRINCIPALI CARATTERISTICHE TECNICHE

La bocca da fuoco, in acciaio, era costituita di tre sezioni rinforzate da un manicotto esterno. Questo permetteva di sostituire solo la parte usurata, anziché l'intera canna. L'otturatore era a cuneo.

L'affusto era a crociera, con 4 bracci che in fase di tiro poggiavano sul terreno, permettendo un brandeggio di 360°.

Nella versione auto campale, in fase di traino i due bracci laterali venivano sollevati mentre i due bracci centrali erano caricati su due carrelli a doppia ruota gommata. Il pezzo poteva essere trainato sia con la bocca da fuoco rivolta nel senso di marcia sia in senso contrario, agevolando le operazioni di messa in batteria. Il Regio Esercito, tuttavia, non ebbe i semicingolati tedeschi, quindi ripiegò sugli autocarri pesanti Lancia 3Ro, poco adatti allo scopo.

Il munizionamento prevedeva originariamente granate ad alto esplosivo con spoletta a tempo. Successivamente, costatata l'efficacia nel tiro controcarro, fu introdotta una granata perforante, con buona efficacia fino a 3.000 m di distanza.

Le batterie vennero fornite con centrale di tiro Zeiss mod. 36, che trasmetteva elettricamente ai pezzi i dati di tiro e regolava le spolette.

IMPIEGO BELLICO

Le batteria da 88/55 cominciarono ad affluire in Italia poco dopo l'entrata in guerra e furono destinate alla difesa a.a. delle città italiane e, successivamente, dei porti libici.

Solo nel 1942 furono creati in ASI dei gruppi auto campali, assegnati alle divisioni corazzate.

Ad El Alamein il 132° Reggimento artiglieria corazzata della Divisione *Ariete* aveva in organico il XXXI Gruppo da 88/55, mentre il 133° Reggimento artiglieria corazzata della Divisione *Littorio* aveva in organico il XXIX Gruppo.

Batterie da 88/55 parteciparono anche alle operazioni in Tunisia, dalla difesa della linea del Mareth alla battaglia di Enfidaville.

Nella primavera del 1943 la neo costituita Divisione corazzata *M*, formata prevalentemente con reparti provenienti dalla Milizia, fu dotata di 24 pezzi da 88/55, forniti, questa volta, anche del semicingolato SdKfz7 per il traino.

Dopo l'armistizio, la maggior parte dei pezzi furono ripresi dai tedeschi ed incorporati nella *Flak*, però alcuni esemplari servirono anche nella contraerea della RSI (Ar.Co.).

SCHEDA TECNICA

Pezzi acquisiti	Diverse centinaia
Peso	5.150 kg
Elevazione	-3°/85°
Angolo tiro	360°
Gittata massima	10.000 m
Cadenza tiro	15 colpi/min

ASI. Pezzo a.a da 88/55 in azione (USSME)

ASI. Operazione di caricamento di un pezzo a.a da 88/55 (USSME)

OBICE DA 100/22

L'obice Skoda da 100/22 nasce da un'evoluzione dell'analogo pezzo da 100/17 (cfr supra), sul cui affusto, a partire dal 1919, fu montata una bocca da fuoco leggermente allungata per aumentarne la gittata. Skoda vendette l'obice agli eserciti di Grecia, Yugoslavia, Polonia ed Ungheria.

Il Regio Esercito entrò in possesso di un certo numero di questi pezzi durante le prime fasi della Seconda Guerra Mondiale, sia catturandone alcuni esemplari in Grecia ed in Yugoslavia sia ricevendone da parte dell'alleato tedesco, che a sua volta ne aveva catturati parecchi a seguito delle campagne di Polonia ed Yugoslavia.

PRINCIPALI CARATTERISTICHE TECNICHE

Il pezzo, come accennato, era del tutto analogo all'obice da 100/17, tranne per la bocca da fuoco leggermente allungata.

Il traino era originariamente animale, ma alcune decine di pezzi furono adattati al traino meccanico, sostituendo le ruote in legno con altre in metallo.

Il munizionamento era il medesimo del pezzo da 100/17.

IMPIEGO BELLICO

L'impiego principale dell'obice da 100/22 fu quale pezzo da posizione, tuttavia in Sicilia al momento dello sbarco anglo-americano erano schierati alcuni gruppi mobili su tre batterie con il compito di pronto intervento in funzione antisbarco.

Dopo l'armistizio, pezzi da 100/22 furono utilizzati sia dal *1° Raggruppamento Motorizzato*, che ne ebbe un gruppo a traino meccanico, sia dal Reggimento artiglieria *Condottieri* della Divisione *X^a*.

SCHEDA TECNICA

Pezzi acquisiti	406
Peso	1.430 kg
Elevazione	-8 - + 48
Angolo tiro	5°
Gittata massima	9.600 m
Cadenza tiro	4 – 6 colpi/min.

Vista frontale e posteriore dell'obice da 100/22 conservato presso il Sacrario dei Caduti d'Oltremare di Bari

OBICE DA 105/11

L'obice da 105/11 era un pezzo di costruzione francese, prodotto dalla Schneider, esportato nel periodo fra le due guerre in diversi paesi, tra cui Yugoslavia e Grecia. Fu così che il Regio Esercito venne in possesso di alcune decine di questi pezzi quali preda bellica a seguito delle campagne condotte contro quei paesi.

PRINCIPALI CARATTERISTICHE TECNICHE

L'obice aveva bocca da fuoco in acciaio protetta, nella parte posteriore, da un manicotto. L'otturatore era a vite.
L'affusto era a coda unica, a rinculo variabile, munito di due ruote in legno a 12 razze e di scudatura.
Concepito per l'uso in montagna, per il trasporto il pezzo veniva diviso in 8 carichi someggiabili. Era tuttavia anche previsto il traino animale dell'intero pezzo.
Il munizionamento era quello dei pezzi da 105 italiani.

IMPIEGO BELLICO

La maggior parte dei pezzi catturati fu data in dotazione alla GaF come artiglieria da posizione.
Tuttavia, nella primavera del 1942, nell'approntare le divisioni da inviare in Russia, i reggimenti di artiglieria delle divisioni alpine furono dotati di un gruppo da 105/11 ciascuno. I pezzi furono quindi impiegati durante gli scontri sul Don e andarono perduti durante la ritirata dal C.A. alpino.

SCHEDA TECNICA

Pezzi acquisiti	96
Peso	742 kg
Elevazione	-3°/40°
Angolo tiro	9°
Gittata massima	8.000 m
Cadenza tiro	3/4 colpi/min

Obice da 105/11 conservato presso il Musée de l'Artillerie di Draguignan (Francia)

OBICE DA 149/28

L'obice da 149/28 è la denominazione italiana del *15cm schwere Feldhaubitze* o *sFH 18* tedesco, uno dei pezzi di artiglieria più diffusi tra quelli in dotazione alle forze armate tedesche.

Prodotto congiuntamente dalla Rheinmetall (bocca da fuoco) e dalla Krupp (affusto) a partire dalla prima metà degli anni '30 e per tutta la durata della Seconda Guerra Mondiale, in diverse migliaia di esemplari, si rivelò un pezzo ben riuscito, anche se a partire dall'invasione dell'URSS cominciò a soffrire le artiglierie pesanti sovietiche, dotate di gittata sensibilmente maggiore.

Utilizzato dai tedeschi in Nordafrica, il 149/28 fu notato per le sue buone prestazioni dal Regio Esercito, alla ricerca di pezzi moderni per la propria artiglieria di C.A., che ne acquisì 38 dall'alleato.

PRINCIPALI CARATTERISTICHE TECNICHE

La bocca da fuoco era in acciaio, protetta da un manicotto nella parte posteriore.
L'affusto era a doppia coda, con vomeri nella parte finale, per aggiungere stabilità in fase di tiro. Era munito di ruote in acciaio stampato, con uno strato gommato.
Originariamente il traino era animale, con possibilità di scomporre il pezzo in due carichi, ma ben presto l'esercito tedesco passò al traino meccanico in una sola vettura, per quanto a velocità non elevate.
Nella versione tedesca, oltre al munizionamento standard, utilizzò anche granate a razzo, che aumentarono sensibilmente la gittata fino a 18.200 m.

IMPIEGO BELLICO

Il Regio Esercito con i 38 pezzi acquisiti equipaggiò il CXXXI e il CXLVII Gruppo, in forza all'8° Raggruppamento artiglieria d'armata di stanza in ASI (14 pezzi), che partecipò alle operazioni in Libia ed in Egitto. I pezzi superstiti operarono in Tunisia con la 1ª Armata.
Con gli altri 24 pezzi furono costituiti il XXIV ed il L Gruppo, in forza al 9° Raggruppamento artiglieria d'armata assegnato all'ARMIR, di cui seguirono le sorti durante il ciclo di operazioni che vide la distruzione di quell'armata.

SCHEDA TECNICA

Pezzi acquisiti	38
Peso	5.500 kg
Elevazione	-3°/45°
Angolo tiro	64°
Gittata massima	13.250 m
Cadenza tiro	4 colpi/min

ASI. Messa in batteria di un obice da 149/28 (USSME)

ASI, autunno 1941. Obice da 149/28 in postazione (USSME)

CANNONI SEMOVENTI

SEMOVENTE DA 47/32

Benché già prima dello scoppio delle ostilità si fosse avvertita l'esigenza di rendere mobile il pezzo da 47/32, fu solo a 1940 inoltrato che si mise seriamente allo studio un prototipo di semovente che montava il pezzo sullo scafo del carro leggero L6 da 6 tonnellate.

Questa realizzazione rispondeva a due esigenze, ovvero dotare i reggimenti bersaglieri delle divisioni corazzate, e successivamente anche delle divisioni motorizzate e celeri, di un pezzo da accompagnamento di pronto impiego e che offrisse ai serventi una certa protezione contro il fuoco nemico ed utilizzare in qualche modo i carri L6, che da poco usciti dagli studi di progettazione erano già inadeguati.

I collaudi del semovente da 47/32 ebbero luogo nel maggio del 1941 e, nonostante alcune perplessità destate dal calibro ormai palesemente insufficiente, ne fu ordinata la produzione. Essa si protrasse fino all'armistizio, benché oramai il mezzo fosse da tempo superato.

PRINCIPALI CARATTERISTICHE TECNICHE

Come detto, il semovente utilizzava lo scafo del carro L6, nel quale era stata ricavata una postazione per il pezzo di artiglieria, protetta su quattro lati da corazzatura e coperta nella parte superiore da una tela impermeabile scorrevole, che fungeva anche da ingresso per l'equipaggio.

Il 47/32 era incavalcato nella parte sinistra del mezzo, con le munizioni sistemate in due cassette, una dietro il sedile del pilota ed una sulla parete di destra della postazione.

L'equipaggio era composto di due sole persone.

IMPIEGO BELLICO

Il primo reparto ad essere impiegato fu il XIII Gruppo Semoventi del Reggimento *Cavalleggeri di Alessandria*, i cui 19 semoventi raggiunsero il fronte russo nell'agosto del 1942. Poco poterono fare contro i corazzati sovietici in occasione dell'offensiva sul Don dell'inverno 1942.

I teatri che video un utilizzo esteso del semovente furono però la Tunisia e la Sicilia, in cui operarono sia battaglioni divisionali sia battaglioni autonomi schierati in funzione controcarro.

In Tunisia furono inviati il I Battaglione, in forza alla Divisione *Superga,* ed il CXXXVI Battaglione controcarri, mentre in Sicilia operarono il IV Battaglione, in organico alla Divisione *Livorno*, ed il CXXXII, CXXXIII e CCXXXIII Battaglione controcarri.

Due ulteriori battaglioni erano schierati in Corsica, dove parteciparono alle azioni contro i tedeschi che portarono alla liberazione dell'isola, mentre in Albania si trovava il IV Gruppo Semoventi del Reggimento *Cavalleggeri di Monferrato*.

Alcuni mezzi facenti parte del RECo *Lancieri di Montebello* della Divisione *Ariete II* e del X Gruppo esplorante della Divisione *Piave* parteciparono ai combattimenti contro i tedeschi attorno a Roma, nel settembre del 1943.

Dopo l'armistizio, molti semoventi finirono nelle mani dei tedeschi ed alcuni equipaggiarono anche talune formazione della RSI, quali il Gruppo Squadroni Corazzati *S. Giusto* ed il Gruppo Corazzato *Leonessa*.

SCHEDA TECNICA

Lunghezza	3.820 mm.
Larghezza	1.860 mm
Altezza	1.690 mm
Peso	6.825 t
Motore	FIAT 18VT/2 diesel 4 cilindri da 4053 cm3
Equipaggio	2
Velocità	42,3 km/h su strada, 15,5 km/h fuori strada
Autonomia	200 km su strada
Corazzatura	Da 6 a 30 mm
Armamento	Cannone da 47/32 con 70 colpi
Elevazione	12°/20°
Angolo di tiro	27°[15]
Produzione	ca 280

---

[15] Al pari degli altri semoventi, l'angolo di tiro era aumentato dalla possibilità di manovrare il semovente facendolo ruotare da fermo, utilizzando i cingoli.

Prototipo di cannone semovente, mai entrato in produzione, ottenuto montando un pezzo da 47/32 sullo scafo di un Carro Veloce, realizzato nel 1939

Tunisia, marzo 1943. Semoventi da 47/32 avanzano in formazione aperta (USSME)

Tunisia, primavera 1943. Colonna di semoventi da 47/32 in marcia (USSME)

SEMOVENTE DA 75/18

L'idea del semovente da 75/18 nacque dall'esperienza fatta dai tedeschi di montare un pezzo di artiglieria sullo scafo del *PzKpfw III* (carro armato Tipo III) dando origine allo *Sturmgeschutz III*.

Lo STAM commissionò all'Ansaldo nell'inverno 1940 lo studio di un mezzo che montasse la bocca da fuoco da 75/18 sullo scafo del carro armato M13/40. La realizzazione del prototipo e le prove da parte dei competenti organi del Regio Esercito furono abbastanza rapide, se già nel maggio del 1941 venivano passati gli ordinativi per la produzione.

Le commesse, poi, continuarono anche nel 1942, avendo costatato l'efficacia del mezzo, ed interessarono l'installazione del pezzo anche sugli scafi dei carri M14/41 ed M15/42.

PRINCIPALI CARATTERISTICHE TECNICHE

A differenza del semovente da 47/32, nel semovente da 75/18 la postazione era in casamatta, con la parte superiore protetta da corazzatura, nella quale era ricavata un'apertura per consentire l'accesso dell'equipaggio.

La bocca da fuoco era montata in posizione leggermente decentrata verso la parte destra dello scafo, in corrispondenza del sedile del tiratore. Nonostante una corazzatura considerata insufficiente, il mezzo si faceva apprezzare per la sagoma piuttosto piatta, tra i 172 ed i 188 cm, a seconda delle versioni.

Oltre al pezzo da 75, il semovente poteva essere munito quale armamento secondario di una mitragliatrice Breda cal. 8 o Breda 38.

L'equipaggio prevedeva capocarro, pilota e tiratore-marconista.

IMPIEGO BELLICO

I primi semoventi, inquadrati nel DLI e DLII Gruppo, giunsero in ASI al principio del 1942 e furono assegnati al 132° Reggimento artiglieria corazzata della Divisione *Ariete*, seguiti nell'estate dello stesso anno da DLIV e DLVI Gruppo assegnati al 133° Reggimento artiglieria corazzata della Divisione *Littorio*. Questi gruppi seguirono l'avanzata delle truppe dell'Asse fino in Egitto, dando buona prova di sé, venendo poi annientati nella battaglia di El Alamein.

Altri tre gruppi, DLVII, DLVIII e DLIX, furono schierati in Tunisia, con la Divisione *Centauro*, dove combatterono fino alla resa delle truppe dell'Asse in quel teatro.

In Sicilia, invece, si trovavano solo 10 mezzi senza personale, probabilmente bloccati sull'isola dalla resa della Tunisia.

Il DLXI Gruppo fu schierato in Corsica, alle dipendenze della Divisione *Friuli*, mentre alcuni mezzi prestarono servizio nei Balcani con la Divisione *Brennero*.

Sul finire del 1942 i semoventi da 75/18 cominciarono ad esser inseriti stabilmente nell'organico dei battaglioni carri, in ragione di una compagnia di 9 semoventi, poi portati a 12, cui si affiancavano due compagnie carri, con compiti di accompagnamento ravvicinato. Dato il buon comportamento dei semoventi rispetto ai carri, la proporzione fu presto portata a 2 compagnie semoventi ed una di carri.

Semoventi da 75/18 equipaggiarono le unità inquadrate nella Divisione corazzata *Ariete II* ovvero il Reggimento corazzato *Lancieri di Vittorio Emanuele II*, il Reggimento motorizzato *Cavalleggeri di Lucca* ed il RECo *Lancieri di Montebello*, e furono utilizzati contro i tedeschi attorno a Roma nelle ore successive all'armistizio.

Dopo l'8 settembre i tedeschi requisirono tutti gli apprezzati 75/18 che trovarono, e fecero anche continuare la produzione, ottenendo la fornitura di una cinquantina di mezzi.

Una decina di mezzi equipaggiò alcune unità della RSI, in particolare il Gruppo Squadroni Corazzati *San Giusto,* il *Raggruppamento Anti Partigiani* ed il *Raggruppamento Cacciatori degli Appennini.*

SCHEDA TECNICA

Lunghezza	4.915 mm.
Larghezza	2.200 mm
Altezza	1.850 mm
Peso	13,1 t
Motore	FIAT 15T M41 diesel 8 cilindri da 11980 cm3
Equipaggio	3
Velocità	35 km/h su strada, 15 km/h fuori strada
Autonomia	200 km su strada
Corazzatura	Da 15 a 50 mm
Armamento	Cannone da 75/18 con 44 colpi + mitragliatrice Breda 38 cal. 8
Elevazione	-12°/+22°
Angolo di tiro	40°
Produzione	412[16] per RE + 53 per esercito tedesco

Le caratteristiche tecniche si riferiscono al modello su scafo M41

---

[16] Di cui 60 mezzi su scafo M40, 162 su scafo M41 e 190 su scafo M42.

Egitto, autunno 1942. Colonna di semoventi da 75/18 in marcia nel deserto (USSME)

Egitto, semoventi da 75/18 in sosta. Notare i sacchetti di sabbia legati sulla parte anteriore dello scafo per aumentare la protezione (USSME)

*Semoventi da 75/18 e 75/34 fotografati allo stabilimento Fossati di Sestri Ponente nel 1940
(Fondazione Ansaldo)*

SEMOVENTE DA 75/34

Il semovente da 75/34 è un'evoluzione del 75/18 su scafo tipo M2, nata dall'esigenza avvertita dal Regio Esercito di dotare le divisioni corazzate di semoventi con una bocca da fuoco più potente ed efficace.

Dopo un tentativo, non andato a buon fine, di utilizzare il controcarro da 75/32, la scelta cadde sul 75/34, originariamente studiato per la torretta del carro P40. Le prove del nuovo semovente avvennero nella primavera del 1943 ed il Regio Esercito passò subito una commessa per 500 esemplari.

In realtà, le vicende che portarono all'armistizio consentirono la produzione di soli 60 semoventi, consegnati a partire dal maggio 1943, più alcune decine di masse oscillanti pronte per l'istallazione.

PRINCIPALI CARATTERISTICHE TECNICHE

A parte la diversa bocca da fuoco, ed un peso leggermente maggiorato, il semovente aveva caratteristiche del tutto analoghe a quelle del 75/18 su scafo M42.

IMPIEGO BELLICO

Visto il ritardo con cui entrarono in linea, i semoventi da 75/34 non presero parte ad azioni contro gli alleati, ma fecero solo in tempo ad essere assegnati a taluni reparti.

Il primo reparto a riceverli fu il XIX Battaglione carri, cui furono assegnate due compagnie di semoventi, mentre con successivi esemplari furono costituiti il XXX Battaglione controcarri, su due compagnie, assegnato alla Divisione *Sabauda*, ed il CXXXV Battaglione controcarri, su tre compagnie, per la Divisione corazzata *Ariete II*.

Altri mezzi equipaggiarono il 31° Reggimento Carristi, in fase di ricostituzione dopo avere partecipato alla campagna di Tunisia inquadrato nella Divisione *Centauro*, ed il Reggimento *Cavalleggeri di Alessandria*.

Dopo l'armistizio la Wehrmacht catturò 36 semoventi, ed inoltre l'Ansaldo consegnò altri 80 esemplari ca, battezzati *StuG M42 M 851(i)*. Altri 29 esemplari furono realizzati montando il cannone da 75/34 sullo scafo M42 modificato detto M43 (cfr infra), battezzati *StuG M43 mit 75/34 851(i)*.

Un solo esemplare, invece, andò in dotazione alle forze armate della RSI, ovvero al Gruppo Squadroni Corazzati *San Giusto*.

Lunghezza	5.060 mm.
Larghezza	2.250 mm
Altezza	1.850 mm
Peso	15 t
Motore	FIAT 15TB M42 benzina 8 cilindri da 11980 cm3
Equipaggio	3
Velocità	40 km/h su strada, 15 km/h fuori strada
Autonomia	200 km su strada
Corazzatura	Da 14,5 a 30 mm
Armamento	Cannone da 75/34 con 46 colpi + mitragliatrice Breda 38 cal. 8
Elevazione	-12°/+22°
Angolo di tiro	40°
Produzione	60 per RE + 109 per l'esercito tedesco

SEMOVENTE DA 90/53

L'esperienza dei potenti mezzi corazzati incontrati dalle truppe italiane sul fronte russo, contro i quali le poche artiglierie controcarro in dotazione erano insufficienti, fecero nascere l'idea di utilizzare come controcarro il pezzo da 90/53, nato come pezzo contraereo, ma già sperimentato in ASI contro i carri armati inglesi nella versione autocannone (cfr supra).
Per la Russia si preferì puntare su un modello cingolato, facendo cadere la scelta sullo scafo del carro M15/42 opportunamente modificato.
Ordinato nel dicembre del 1941, il semovente fu collaudato nel marzo successivo, e già alla fine del mese di aprile furono consegnati i 30 esemplari ordinati, con uno sforzo non indifferente dell'industria nazionale.

PRINCIPALI CARATTERISTICHE TECNICHE

Come accennato, la base del semovente era lo scafo del carro M15/42, leggermente allungato per migliorare la stabilità del complesso, e con il motore spostato in avanti per poter sistemare il cannone in posizione arretrata.
La bocca da fuoco era istallata sullo scafo e munita di una semplice scudatura per la protezione dei serventi, i quali non viaggiavano sul mezzo ma su una vettura a parte. L'equipaggio del semovente era pertanto ridotto al pilota ed al capocarro.
Pur essendo un'arma molto potente ed efficace contro i corazzati dell'epoca, peccava per lo scarso numero di colpi che trasportava, solo 8, mentre altri 86 seguivano su un carro porta-munizioni, e per l'assenza di un'arma secondaria per la difesa contraerea o ravvicinata.
Il motore era quello del carro di derivazione, ma essendo il semovente sensibilmente più pesante, le già non brillanti prestazioni ne risentivano ulteriormente: in pratica la velocità massima scendeva a non più di 25 km/h su strada

IMPIEGO BELLICO

I 30 esemplari consegnati andarono ad equipaggiare il 10° Reggimento Artiglieria Controcarro sui tre gruppi CLXI, CLXII e CLXIII, ciascuno su due batterie di quattro pezzi. I rimanenti pezzi rimasero di riserva a Nettuno.
Ideati inizialmente per un loro impiego in Russia, il Regio Esercito decise di soprassedere all'invio, sia per le mutate condizioni belliche sia perché alcuni limiti tecnici, in primo luogo la scarsa velocità ed affidabilità del motore, li rendevano di difficile utilizzo su quel fronte.
Nell'ottobre del 1942 ne fu invece previsto il trasferimento in Sicilia, dove giunsero in dicembre, per essere dislocati a Canicattì.
All'atto dello sbarco alleato in Sicilia il CLXI Gruppo fu inviato in appoggio alla 207ª Divisione costiera, riuscendo a stabilire una linea di difesa a Campobello di Licata. L'11 luglio tutti i gruppi vennero assegnati al *Raggruppamento Tattico* del generale Schreiber e ne seguirono gli spostamenti fino allo scioglimento di questo

reparto, che venne passato alle dipendenze della Divisione *Aosta* il giorno 19 luglio. In quel frangente erano rimasti efficienti solo 4 pezzi.

Nelle successive operazioni andarono perduti altri due mezzi, mentre i residui due semoventi vennero abbandonati a Messina durante lo sgombero della Sicilia.

Dopo la campagna di Sicilia non si riscontrano altri utilizzi dei mezzi, anche se risulta che i 6 pezzi rimasti a Nettuno siano stati inseriti in organico dall'esercito tedesco come *Gepanzerte Selbfahrlafette 90/53 (i) 801*.

SCHEDA TECNICA

Lunghezza	5.080 mm.
Larghezza	2.280 mm
Altezza	2.300 mm
Peso	15,7 t
Motore	FIAT 15TB M41 diesel 8 cilindri da 11980 cm3
Equipaggio	2 (+ 2 artiglieri su trasporto a parte))
Velocità	25 km/h su strada
Autonomia	150 km su strada
Corazzatura	Da 3 a 30 mm
Armamento	Cannone da 90/53 con 8 colpi (+ scorta colpi su trasporto a parte)
Elevazione	-5°/+19°
Angolo di tiro	90°
Produzione	30

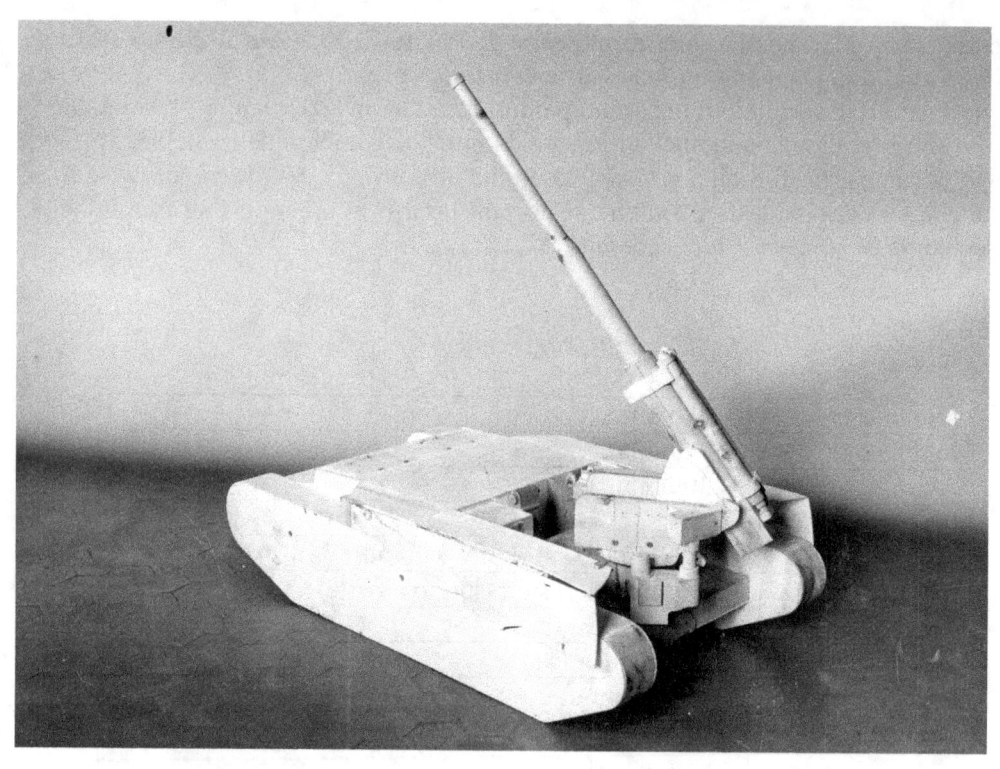

Modellino in legno del semovente da 90/53 (Fondazione Ansaldo)

Vista anteriore di un semovente da 90/53 fotografato a Genova nel 1942 (Fondazione Ansaldo)

Posteriore di un semovente da 90/53 fotografato allo stabilimento Ansaldo di Cornigliano nel 1942 (Fondazione Ansaldo)

SEMOVENTE DA 105/25

Questo potente mezzo nacque dall'idea di installare un obice da 105 sullo scafo del carro armato P40 allora allo studio. Per questo scopo fu messa allo studio una bocca da fuoco da 105/25.

Tuttavia, visto il ritardo con cui procedeva l'allestimento del P40, all'inizio del 1943 si decise di puntare ancora sullo scafo del carro M15/42, modificato a questo scopo. Questo nuovo scafo prese la denominazione di M43.

Dopo le prove effettuate nel febbraio del 1943, il Regio Esercito passò immediatamente una prima ordinazione, cui seguirono nel corso della primavera e dell'estate una serie di ulteriori commesse per diverse centinaia di mezzi.

Evidentemente gli eventi bellici e l'armistizio consentirono di consegnare solo una minima parte del materiale ordinato, ossia 30 semoventi. Altri 91 furono prodotti per l'esercito tedesco nel 1943 e 1944.

PRINCIPALI CARATTERISTICHE TECNICHE

Rispetto allo scafo di origine, lo scafo M43 era allargato di 19 cm ed aveva una camera di combattimento leggermente ampliata. Anche la corazzatura della casamatta era sensibilmente superiore rispetto allo scafo base.

La particolarità che valse al mezzo il soprannome di "bassotto" fu la sagoma particolarmente bassa, sia per la minore altezza dello scafo sia per la minore luce tra fondo scafo e terreno.

Oltre all'armamento principale, il semovente prevedeva una mitragliatrice Breda cal. 8.

Il motore era quello a benzina del carro M15/42, con poche piccole modifiche.

L'equipaggio era costituito da pilota, puntatore e servente-marconista.

IMPIEGO BELLICO

Il "bassotto" potè essere assegnato ai primi reparti a partire dal giugno 1943, e non fu utilizzato in operazioni contro gli anglo-americani.

Il primo reparto ad essere costituito fu il DCI Gruppo, su 12 semoventi, assegnato al 235° Reggimento artiglieria semovente della Divisione *Ariete II*. Esso ebbe modo di scontrarsi con i tedeschi nei combattimenti attorno a Roma a seguito all'armistizio.

Alcuni altri mezzi equipaggiarono il DCII Gruppo.

In seguito all'armistizio, l'esercito tedesco catturò 26 semoventi denominati *StuG M43 mit 105/25 853(i)* e fece continuare la produzione all'Ansaldo, ricevendo tra il 1943 ed il 1944 una novantina di mezzi.

Un esemplare venne ceduto alla RSI ed andò al Gruppo Squadroni Corazzato *Leoncello.*

Lunghezza	5.070 mm.
Larghezza	2.400 mm
Altezza	1.740 mm
Peso	15,7 t
Motore	FIAT 15TB M42 benzina 8 cilindri da 11980 cm3
Equipaggio	3
Velocità	38,4 km/h su strada, 15 km/h fuori strada
Autonomia	170 km su strada
Corazzatura	Da 25 a 70 mm
Armamento	Cannone da 105/25 con 48 colpi + mitragliatrice Breda 38 cal. 8
Elevazione	-10°/+18°
Angolo di tiro	36°
Produzione	30 per il RE + 91 per l'esercito tedesco

Semovente da 105/25 all'esterno dello stabilimento Fossati di Sestri Ponente (Fondazione Ansaldo)

Semoventi da 105/25 pronti per la consegna al Regio Esercito, allineati presso un capannone dello stabilimento Fossati di Sestri Ponente nel 1943 (Fondazione Ansaldo)

Semovente da 75/18 affiancato ad un semovente da 105/25. Notare lo scafo di quest'ultimo, leggermente più largo e più basso, da cui l'appellativo di "Bassotto" con cui il semovente fu noto (Fondazione Ansaldo)

SEMOVENTE DA 75/46

Si tratta di una variante del semovente da 105/25, ottenuta sostituendo l'obice da 105/25 con il cannone a.a. da 75/46, in funzione caccia carri.
Non operò mai con il Regio Esercito, in quanto la produzione iniziò nel 1944, sotto il controllo tedesco con la denominazione di *StuG M43 mit 75/46 852(i)*. Ne furono prodotti 11 esemplari.

Semovente da 75/46 in servizio nell'esercito tedesco

SEMOVENTE DA 149/40

Questo semovente, che rimase allo stato di prototipo, prese le mosse da un'iniziativa dell'Ansaldo, che a partire dall'inverno 1941 mise allo studio l'istallazione di una bocca da fuoco da 149/40 sulla parte posteriore di uno scafo del carro P40.

Il prototipo fu esaminato a Genova nell'agosto 1943 e, benché giudicato una buona realizzazione, il Regio Esercito decise di non dare corso ad alcuna commessa, data la situazione politico militare che stava maturando in quel momento, che avrebbe portato in poche settimane alla resa dell'Italia, e data la penuria di materie prime.

PRINCIPALI CARATTERISTICHE TECNICHE

Il mezzo doveva montare la bocca da fuoco da 149/40, che aveva dato buona prova di sé nei teatri dove era stata impiegata (cfr supra), senza apportarvi particolari modifiche, su uno scafo derivato da quello del carro P40, con motore a benzina.

In fase di tiro, la stabilità del complesso doveva essere assicurata da due code munite di vomeri da infiggere nel terreno. I serventi dovevano sparare stando all'aperto, non essendo prevista alcuna protezione, anche in ragione del fatto che era previsto un impiego molto arretrato rispetto alle prime linee.

Il semovente, avrebbe offerto l'indubbio vantaggio di superare i problemi derivanti dalla cronica mancanza di trattori per l'artiglieria pesante, oltre al fatto che il suo peso era sensibilmente inferiore a quello del complesso delle due vetture per il trasporto del 149/40 campale; inoltre consentiva una messa in batteria praticamente immediata.

IMPIEGO BELLICO

Il prototipo fu catturato dai tedeschi in settembre 1943 e trasportato in Germania, dove, a guerra finita, fu rinvenuto dagli americani e inviato negli Stati Uniti. Oggi si trova esposto allo U.S. Army Artillery Museum di Fort Fill, in Oklahoma.

Lunghezza	6.630 mm.
Larghezza	3.050 mm
Altezza	2.030 mm
Peso	24 t
Motore	SPA 228 benzina 250 CV
Equipaggio	
Velocità	35 km/h su strada
Autonomia	
Corazzatura	Da 14 a 25 mm
Armamento	Cannone da 149/40
Elevazione	45°
Angolo di tiro	53°
Produzione	prototipo

Modellino in legno del semovente da 149/40 (USSME)

Prototipo del semovente da 149/40 con livrea mimetica (Fondazione Ansaldo)

Prototipo del semovente da 149/40 durante alcune prove effettuate a Genova nel 1943 (Fondazione Ansaldo)

ASI, marzo 1942. Controcarro da 47/32 dei Giovani Fascisti (USSME)

Artiglieria volante da 65/17 (USSME)

ASI, febbraio 1942. Tiri di Batteria da 75/27 contro carri armati a El Mechili (USSME)

ASI, febbraio 1942. Tiri di Batteria da 75/27 contro carri armati a El Mechili (USSME)

Pezzi da 75/32 al tiro (Archivio Pergher)

Pezzo da 75/32 (Archivio Pergher)

Una Batteria di cannoni a.a. da 75/46 (Archivio Pergher)

Una Batteria di 75/46 a.a. pronta al fuoco (USSME)

La Direzione Tiro di una Batteria a.a. da 75/46 (USSME)

ASI, ottobre 1942. Una Batteria di pezzi FlAK da 88/55 (USSME).

Nelle due foto seguenti, altri pezzi da 88/55 nel deserto nordafricano (USSME).

ASI. Una Batteria da 105/28 in azione sul fronte di Tobruk (USSME)

ASI, ottobre 1941. Pezzo da 105/28 in posizione protetta (USSME)

Pezzi da 105/28 occultati dall'osservazione aerea da reti mimetiche (Archivio Pergher)

ASI, novembre 1941. Un pezzo da 152/37 autotrasportato (USSME)

ASI, febbraio 1942. Un pezzo da 149/40 (USSME)

Nella pagina successiva, una Batteria dello stesso cannone (USSME)

Sardegna, giugno 1943. Esercitazione con un pezzo da 149/19

ALLEGATI

ALLEGATO I

SITUAZIONE DELL'ARMAMENTO DI ARTIGLIERIA AL 1° GIUGNO 1940 (COMPRESI PEZZI DA POSIZIONE)

CALIBRO	QUANTITÀ ESISTENTE	QUANTITÀ IN COMMESSA
47/32	928	2783
47/32 per corazzati		643
65/17	700	-
75/13	1187	-
75/27 mod. 06	1699	-
75/27 mod 11	1341	-
75/27 mod. 12	51	-
75/18 mod. 34	114	-
75/18 mod. 35	-	252
75/34	-	192
75/27 CK	166	-
75/46 a.a.	76	240
77/28	245	-
90/53 a.a.	-	1600
100/17	1705	-
105/14	120	-
105/28	956	-
105/32	238	-
120 vari	39	-
149/12	708	-
149/13	490	-
149/19	1	1392
149/35	923	-
149/40	39	731

152 vari	170	-
210/8 D.S.	500	-
210/22	16	346
260/9	106	-
305/8	39	-
305/10	16	-
305/17	23	-
380/15	5	-
420/12	7	-

Allegato II

Produzione di bocche da fuoco
Ansaldo (giugno 1940 – giugno 1943)
e OTO (giugno 1940 – dicembre 1942)

47/32	1252
47/32 per corazzati	1960
47/40 per corazzati	300
75/18	418
75/18 per corazzati	778
75/32	172
75/34 per corazzati	95
75/46 a.a.	366
90/53 a.a.	982
90/53 per corazzati	30
105/25 per corazzati	35
105/23	3
105/40	1
149/40 per corazzati	1
149/19	436
210/22	36

BIBLIOGRAFIA ESSENZIALE

Col. Balocco R. – *Fanti ed Artiglieri* – Manualetti di Tecnica Militare, Fascicolo XXI, dicembre 1934

Cappellano F. – *Le artiglierie del regio esercito nella seconda guerra mondiale*, Albertelli, 1998

Cappellano F., Formiconi P – *Il cannone da 149/40 mod. 35* – Storia Militare n. 216, settembre 2011

Ceva L. – *Storia delle Forze Armate in Italia* – UTET, 1999

Ceva L. – *La condotta italiana della guerra* – Feltrinelli, 1975

Ceva L., Curami A. – *La meccanizzazione dell'esercito italiano dalle origini al 1943* – Stato Maggiore Esercito, Ufficio Storico, 1994

Cucut C. - *Le forze armate della RSI* –Gruppo Modellistica Trentino, 2005

Favagrossa C. – *Perché perdemmo la guerra* – Rizzoli, 1946

Montanari M.– *L'esercito italiano alla vigilia della 2ª Guerra Mondiale* – Stato Maggiore Esercito, Ufficio Storico, 1975

Montanari M. – *Le operazioni in Africa Settentrionale* - Stato Maggiore Esercito, Ufficio Storico 1985-1993

Pergher C. – *Le macchine di Pavesi* – Gruppo Modellistico Trentino, 2002

Pignato N. Cappellano F. – *Dal TL37 all'A.S. 43* – Gruppo Modellistico Trentino, 1997

Pignato N. Cappellano F. – *Gli autoveicoli da combattimento dell'Esercito Italiano* - Vol. II, dal 1940 al 1945 – Stato Maggiore Esercito, Ufficio Storico, 2002

Pignato N. – *L'obice da 149/19 OTO 1937* – Storia Militare n. 150, marzo 2006

Pignato N. Cappellano F. – *L'obice da 210/22 mod. 35* – Storia Militare n. 171, gennaio 2008

Pignato N. – *Il 105/28 del Regio Esercito* – Storia Militare n. 182, novembre 2008

Pignato N. – *L'ultimo 75 dell'artiglieria italiana* – Storia Militare n. 188, maggio 2009

Pignato N. – *Un "pezzo da 90"* – Storia Militare n. 201, giugno 2010

A cura di Raudino S. e Stefanelli E. – *Storia dell'artiglieria italiana*, parte V – voll. XV e XVI - Rivista d'artiglieria e genio 1953 - 1955

Rochat G. – *Le guerre italiane 1935 – 1943* – Einaudi, 2005

Santoni A. – *Le operazioni in Sicilia e in Calabria* – Stato Maggiore Esercito, Ufficio Storico, 1983

RINGRAZIAMENTI

Per la riuscita di questo libro ho potuto contare sull'aiuto e sulla collaborazione di istituzioni e persone cui va la mia riconoscenza.

In primo luogo, sono grato al gen. Fabio Palladini, Comandante Militare Regionale Trentino Alto Adige ed al gen. Stefano Bassett, responsabile del Museo Nazionale degli Alpini di Trento, che fin dal primo momento hanno creduto nella riuscita di questo progetto e che mi hanno guidato durante tutto il mio lavoro di ricerca.

Per la parte narrativa, ho potuto attingere, tra l'alto, al materiale bibliografico del Museo della Guerra di Rovereto e del Museo Storico del Trentino.

Per la parte fotografica, il mio ringraziamento va all'Ufficio Storico dello Stato Maggiore dell'Esercito, che mi ha gentilmente messo a disposizione il proprio archivio.

Un ringraziamento va anche al Museo Nazionale dell'Artiglieria di Torino, al Museo della Guerra di Rovereto ed al Sacrario dei Caduti d'Oltremare di Bari che mi hanno aperto le porte delle loro collezioni di pezzi di artiglieria, nonché alla Fondazione Ansaldo di Genova, al cui ricco archivio fotografico ho potuto attingere.

Ringrazio altresì il sig. Claudio Pergher e la sig.ra Vanna Olivero, che mi hanno resa disponibile la propria collezione privata.

Un ringraziamento speciale per gli amici Luca della Sala e Paolo Mazzalai, sul cui sostegno ed aiuto ho potuto sempre contare, e Paolo Carta per i suoi utili consigli.

Dulcis in fundo, la mia gratitudine va a mia moglie Stefania, per avere supportato e sopportato questa mia passione e per essersi prestata con pazienza a correggere le bozze di questo lavoro.